*The Bird
in the Cage
and
The Bird
in the Forest*

~

A QUEST FOR FREEDOM

ENRIQUE CADENA

Dedication

ง deep sincerity, I dedicate this book to all the people of Corpus
isti Church, in Rochester, New York — all those with whom I
ked the journey of love, until the events of August 1998.

ether, many of us have decided to follow a new path, one that
tinues to reveal the mystery of God's hand - which we trust is
ding us to a whole new way of "being church".

ope that, wherever we may be, we will choose the path of being "free
ove".

th my love,
rique

Olde Ridge Book Publishing, Rochester, NY 14607

First Edition
99 06 11 6 5 4 3 2 1

Printed in the United States of America

ISBN: 1-929342-00-4

Design and Layout by: Bash! Studios / Printed by Empire Graphics

Foreword

When you listen to Enrique Cadena, even as part of a large group, you often feel that he is embracing you. Personally. Just with his words. And it feels so good, that you tend to check out others sitting near you; sure enough, their faces seem to reveal the same kind of pleasure that you yourself are feeling: the feeling of being hugged, even from a distance.

How can a person possibly project such genuine love, on such a personal level, even while speaking to such a large group? Some say that it is because Enrique has the gift of 'relationship', that he is adept at honestly sharing himself with others — and eager to hear their stories as well. Others say that he is blessed with the open heart, and equally open expression, of his Mexican heritage. Still others say it is because he is in love with the Lord - so very 'tuned-in' to his relationship with Jesus that he experiences the kind of peace and joy that allow him to be comfortable wherever he goes, whatever he does, with whomever he meets. Clearly, all these truths come together to create 'Enrique' — a human being who is genuinely inspired by living, and who lives his life genuinely inspiring others.

I'll never forget the time that a church parishioner spontaneously stood up, amidst 1200 people, just after Enrique had finished speaking, and said how fortunate we all were to have Enrique as one of our spiritual leaders, how "Enrique, more than anyone I've ever met before, follows the footsteps of Jesus - the way he lives, and the way he loves".

There's no doubt that Enrique Cadena, once a Roman Catholic priest but now a "priest of the people", who prefers to have no title before his name, lives to love. He sees God's wonder in all that surrounds him and somehow feels akin to everyone and everything. His lifestyle energy is inspiring, even contagious, and those who come to know Enrique become very eager to get closer to the Source of his joy, his calm, his energy. While Enrique's personal relationship with Jesus is enriched by his being with the poor, he also knows how to enjoy, with great enthusiasm, any abundance that God sends his way!

Famous for reminding everyone to "stay in touch with your own story", to "have a dream", and to "continue on your journey, seeking what you are called to seek", Enrique lives out his own advice as he follows his own journey. This journey has been fraught with difficult decisions, challenges, and temptations - yet Enrique is always eager to entertain a new reality, to reach out and risk loving others rather than risk losing himself.

Who better to write a book about personal freedom? Who better to tell about the freedom to love?

Editor and Friend,
Lee Vester

Acknowledgments

In a very special way, and with great sincerity, I want to thank all those who have reminded me that I have a message to give, and that my stories are meant to be shared. I am grateful to those who encouraged me to write those stories, and asked me not to be silent.

For the actual tasks related to the production of this book I give special thanks:

To *Clara C. Moreno*, who edited the Spanish manuscript. As well as to Miguel Triana and Crimilda Rosario for their assistance.

To *Lee Vester*, who put so much dedication into the English manuscript. She not only edited the text but was eager to maintain the integrity of my own expression.

~

To *Yelitza Serrano* for her creative artwork.

*But, especially, to all those who choose the spirit of freedom, who choose to love in the same way as Jesus, our Lord. I thank them for **their** stories, for they are the authors.*

The Bird in the Cage and
The Bird in the Forest

Once upon a time, two new-born birds were getting ready to learn how to fly. Suddenly they became separated by some young boys who were trying to capture them. The two birds were tormented with fear, quite persecuted, even though the boys had had no such intentions. They only wanted to have a new pet. One bird eventually was trapped; the other was able to escape, to fly away into the forest.

The trapped bird was put into a beautiful cage that hung outside the door of the boys' house. They took very good care of the bird in the cage and were joyfully responsible when it came to providing for all the bird's needs. And so it was that the cage became a great joy and decoration for the house.

Inside the cage, the bird learned to jump and to open its wings to fly within. Very often, the bird looked out at the forest, that unknown place, wishing he could go there some day. What could happen in the forest? How would life be over there? Such questions he entertained often — but overall he felt quite satisfied with the comfortable life he had developed in his cage.

The other bird grew up in the forest and it was in this forest that he learned how to fly. He loved to fly over the tops of the trees and spend time enjoying the view. There was no end to his flying, for he loved it so! When he flew, he felt no limitations. During the night he flew in contemplation of the moon; by day he flew eagerly into the sunsets. Of course, life was not always this calm for the bird, for he had also come to learn that life in the forest was not easy. He always had to beware of bigger animals that could devour him and he became aware very early on that he had to fight hard to get his daily bread! In fact, many days he had to go through the whole day without eating. But every morning, he would join the rest of the birds as they sang to welcome the first light of the day.

One day, as he was flying along a new route, he came across the house with the hanging cage, the cage containing the other bird. He decided to hover over a nearby tree and observe the life of this bird, for he had never before seen a bird in a cage. After a while, he came closer to the cage, wanting to talk with the other bird.

"Hello," he said. "What are you doing in there?"

"This is where I live!" responded the bird in the cage. "I belong to someone who takes very good care of me. He covers my cage when it is raining or whenever the wind blows strongly. And he never leaves me without food. I am not in any danger here because my cage protects me from any predators. I am very lucky that ..."

"But you can't *fly*!" interrupted the visiting bird.

"Fly? Well, yes, that is true. I cannot fly. Here in the cage I only jump, and open my wings and pretend that I am flying. But I do not worry too much about that because I have everything else and ..."

"But you can't *fly*!" the other bird interrupted again. "You were made to *fly*! You were not meant to live inside a cage! Take a look at your wings. They are there because they define your very being; you cannot let them die in exchange for this perfect and secure world you have in this cage. You were made to *fly*. No cage should hold you back from your desire, to rise above the trees f-l-y-i-n-g!''

"Flying," said the bird in the cage, "frightens me! I have never been in the forest. It scares me to think of flying and crashing against the trees, or staying a whole day without eating, or even more, having to run away from bigger animals that would like to destroy me! I am afraid! The forest truly scares me! Believe me, I feel much safer and more comfortable inside this cage."

The bird outside the cage flapped his wings and said that he would come to visit again. Then, with a quick leap, he flew up and away, returning to his home in the forest. At that moment, a deep nostalgia entered the heart of the bird inside the cage, for he saw the lightness and softness of the bird flying to the forest. He thought to himself, "I really *would* like to fly. It is true, I have wings. And they were made to fly. How is it that I am here with everything, yet I am without the very thing that I was made for? It is true, I have to fly!"

He remained staring at the forest, entranced by a deeper voice that seemed to be calling him. For the first time he became aware that, while it was true that he lived in a beautiful, safe cage, it was still a *cage*! A cage that would not allow him to fly. More than ever he tried to fly inside the cage. But just when he would feel the impulse to rise up in flight, the steel of the cage stopped him. He kept on trying. Gradually he could feel his body respond to the energy of flying. And gradually the limitation of the cage became a great frustration...

From that day on, he spent time each day contemplating the forest and checking out the flights of all the birds of the forest. Every time he could, he would stop them and ask them to tell him about life in the forest. Everyone, of course, talked about how difficult it was to live in the forest. So his heart was divided as he listened to their stories. However, even though he was afraid, his heart kept on listening to the inner voice which continued to resound loudly, "In the forest I can fly! And I was *made* to fly! Nothing should stop my desire to fly!"

The bird of the forest came back to visit many times. He shared all types of stories full of adventures, both the good ones and the difficult ones. The bird inside the cage questioned him, saying "Tell me, what is your secret? How do you survive in the forest? And what..."

The bird outside the cage looked at him; then, taking a deep breath, opened his wings to their fullest, and with exquisite grace, arose into flight, saying, "I am so free when I fly! I can express my full self when I do it. I do not *worry* about the dangers of the forest. I only concentrate on the fact that I AM FREE TO FLY!"

At that very moment the owner of the house came out to place some food inside the cage, following the exact same routine he always had. He filled up a receptacle with food and another with water. Then he opened the cage door and, just as he was preparing to insert the food containers — a powerful and unusual noise occurred in the forest. It was like all the birds of the forest had decided to flap their wings in flight, all at the same time, and they jointly cried out at the bird in the cage. The boy owner of the cage was so surprised and distracted that, as he turned, he caught the door of the cage on the food receptacle. Then he ran toward the forest to check out the noise, so eager was he to discover the source of the commotion.

The cage door was open...

How frightening. How very frightening. With great trepidation, the bird edged closer to the door of his cage... Every fear he had ever known whirled up like a twister, paralyzing him. His entire body trembled. He came to the *edge* of the door... still time to stay... behind him was his entire life... his familiar life... his comfortable life... his secure life... and his beautiful cage, which he had become so very fond of, so proud of. In front of him there was a whole new world full of uncertainties... full of dangers... totally unknown! Yet inside his heart, the inner voice, which only he could hear, sounded loud and clear...

"I WAS MADE TO FLY...!"

The Cage

Many years later a new king came to power. He did not know what Joseph had done for Egypt, and he told the Egyptians, "There are too many of those Israelites in our country; they are becoming more powerful than we are. If we don't outsmart them, their families will keep growing larger. And if our country goes to war, they could easily fight on the side of our enemies and escape from Egypt!"

So the Egyptians put slave bosses in charge of the people of Israel, and tried to wear them down with hard work...

But the Egyptians came to hate the Israelites even more than before, and made them work so hard that their lives were miserable...

The Egyptians were cruel to the people of Israel, forcing them to make bricks, mix mortar, and work in the fields...

(Ex. 1, 8-11. 13-14)

Chapter 1

The Cage

INTRODUCTION

It has always surprised me, during counseling sessions and spiritual direction interviews that I have done throughout the years, to see how very few of us become aware of the cages or prisons we have built around us. We walk through our lives trying to create a safe and comfortable world — a world that ends up being nothing but a fantasy.

Sooner or later, our world breaks apart. And we find ourselves in positions we never thought could happen. These situations, all of which leave us feeling insecure, are serious challenges to the growth of our personalities and to our inner strength. And to our faith.

During such times, it is essential that we pay attention to the "Eternal Wisdom" inside ourselves. This 'Wisdom' can take us through the critical times of change, through stages of our lives where all seems lost. In fact, these very critical times actually represent doorsteps of new beginnings.

Why do we need to listen to the Eternal Wisdom within us? Because, the fact is that not one of us *willingly* enters the arena of change. We are much more comfortable remaining 'stable' in our little successes, staying in touch with all that is familiar. To create change *feels like* we are going against our very own nature. Therefore, it seldom feels good. But the fact is that we need to change in order to grow. And growth is a requirement of living.

There is a natural pace of the universe that begs to express itself within each one of us. If we stay stuck in the same place, or at a particular stage in our personality, or locked inside our own familiar expressions of culture, religion, or societal views, then we totally block the opportunity for the 'pace of the universe' to express itself through us. The entire universe is crying out loud, not unlike a woman giving birth, eagerly seeking ways to be 'delivered' through each of us. And *to* each of us. "In fact, all creation is eagerly waiting for God to show who His children are!" (Ref: Rm 8 19-22)

To enter into our inner self is one of the most terrifying things we face. "Who am I? Who am I becoming?" Speaking for myself, the constant *awareness* of my 'self', and the analysis of the changes I experience, is fascinating; yet it remains frightening as well. And with each new stage of my life, these questions acquire a whole new meaning, since, with each new stage, I am not what I used to be. The fact is: for the story of our growth, we are the *authors*. And within our stories, we have both the dark side and the bright side. If we are going to experience a life of plenitude and fulfillment, we need to learn how to 'integrate' that dark side, not just try to abandon it.

We do not have any alternative but to love our own story, to try to make it a beautiful story. In the final assessment, we all have received elements in our lives that we did not choose; and all of these form integral parts of our personalities. Many of these elements are negative and need to be overcome with the passing of time. Many are positive, and will become recognized by us as the treasures that give us life. But many of these elements — both the negative and the positive — also come to form our human cages! Recognizing these elements, acknowledging them, and working with them — this is the essence of growth and maturity.

I invite you to enter into your own history — without fear and with the assurance that you will be walking toward your fulfillment. I invite you to listen closely to the cry inside you that keeps you restless and in constant movement; it is this cry that keeps you focused on the journey toward a fulfilling and abundant life.

A STORY

Several years ago, I was facilitating a conversation with a woman who felt that her life had become meaningless...

Her initial words revealed that her married relationship was a disaster and she could not stand her children, who constantly turned the house up-side-down. She was genuinely frustrated and had no motivation to continue living. She had come to me for spiritual guidance, hoping, I believe, that I would exercise some sort of magic to solve her problems. I spent many hours listening to her during several sessions. Then I got her family together, which only confirmed the great dysfunction that was occurring. Every member of the family had found refuge in his/her internal world, in order to survive the family system. I continued working with this woman, after identifying that she was the one person who could bring change within the family.

One day, as our session was in progress, she was complaining about everything, especially her husband. I interrupted her and said, "It does look like you have come to a definite moment; things are critical and your life cannot go on like this. It all points to the fact that you need to leave your husband and follow a path that will make you start again. If you do not take responsibility for your own story, if you continue blaming others for what is happening to you, you will never find a 'motivation' in your life. You will never be fulfilled as a person."

She was surprised that I acknowledged this and responded to me, saying, "Shouldn't you be defending marriage? And anyway, what could I do? I have always lived like this. I don't have anyplace to go, and I don't know what to do. It is true that I am not happy, but I don't have any way out!"

In the following sessions, I noticed with sadness that she had decided to stay in this unhealthy situation, unhealthy for both her and for the family. It seems it was easier to stay the same than to try to bring change into the family system. Her family did not have signs of a true family anymore, but she said it was all she had. Indeed, her family, while looking bright and normal on the outside, had become a veritable cage. Several months passed by, then one day this woman came in to see me. Right away I noticed the new light in her expression and the nice, bright colors of her dress. She said to me, "You were right! So finally, one day, I made the decision to change; I went to my husband and told him that nothing was going to be the same. Neither he nor the children believed me at first, until they saw me ready to leave the house. They knew I was serious, that I would no longer live like this. Almost instantly they began to change. I was motivated to have a better life and they knew nothing would stop me; this required them to confront change as well. I had to overcome my fear of the unknown, but when I finally decided to have the courage to do that, everything changed!"

To remain in a place where we feel stuck, with the knowledge that it has become unhealthy for us, is to choose to die inside our cages.

To face challenges and search for change is to grow, to give our lives new impulse. The motivation that we have will give us the energy to walk ahead. In the experience I had with this woman, I found that she had lost her motivation. Life for her looked like a huge elephant about to walk right over her. When we see our lives this way, it means that we have lost the battle even before entering into it. And it is during moments like these that we need to enter into the deepest recesses of our 'self', to the very center of our life — and find motivation there. We must listen to what we hear in that center so that the motivation will grow and give us the strength to continue our journey. Each person's life journey is designed with a need to confront numerous changes, and, in so doing, to help us search for our soul. The strength we receive for the journey, by going inside, is the power that comes from above. It is the inner power that each one of us has received, specifically, as a Child of God.

FAMILY MESSAGES

We all know that there is no "perfect" family.

We also know that the most important elements that build our personalities are communicated by the paternal and maternal figures in the early years of our development. And this fact provides us with one of the largest tasks of our very existence.

Throughout the different stages of our lives, we meet up with the positive or negative aspects of the messages we receive from our families. If the messages we receive from the family stem from the 'good' side of our parental figures, then most likely our personalities are gracefully endowed by, and with, those messages. We become heirs of the ability to 'integrate' ourselves. We are empowered to live in a more integrated manner with the world that surrounds us. However, I am very well aware that this is an ideal. In reality, we all suffer deficiencies in those family messages; sudden dynamics strike our families and often leave us wounded in relation to those paternal and maternal images.

How many times do we find ourselves, as adults, trying to win the affection of the father who never gave us enough attention when we were children? How many times do we find ourselves having a hard time building our self-image and affirming our own goodness — simply because Mom or Dad loved the youngest child more? How many times do we find ourselves trembling at the thought of expressing affection, just because, in our family homes, such signs of affection were considered a 'private' matter? How many times, as adults, do we protect our hearts, hide our feelings, avoid being vulnerable — just because we did not have a Dad or a Mom who openly demonstrated appreciation at having us in their lives? How many grew up feeling insignificant, or even unwanted, deprived of kisses, hugs, or expressions of joy over our very existence?

Such deficiencies as these are part of a 'normal' family. So you can imagine how much more pronounced they are in families where a parent is completely absent, or where one or both parents abuse alcohol or drugs. The injury to such families is greatly increased and causes dependency relationships to develop well beyond the family circle.

This is why, in the midst of the 'family messages' we have received, we find ourselves in cages — prisons from which we must be liberated as we grow physically, psychologically, and spiritually. We can say that such messages received in our early years are the 'equipment' we have been provided with to face our world. It was given freely. None of us asked for it. But there it is. Likewise, *we cannot reject it and pretend that it does not exist*; otherwise, it will continue to act upon us, influencing all our decisions and behaviors, some of which could be very destructive.

Despite some of the negative 'equipment package' of our family messages, there is an overriding fact which we must not lose sight of: *To be alive is the first gift*. Our parents were not aware of what they would face when they gave us life; but they did help give us life. To develop this life and to dignify it, that is *our* task.

I once heard these words, which I have come to love...

When we are children, we say, *"My Dad is the greatest; he is the best parent in the whole wide world! Nobody compares with him. He is my hero! If any other child comes to tell me that his father is a captain, I will say that mine is a colonel. If another child tells me his father has a car, I will say that mine has two. If some child tells me his father gave him many kisses before leaving for work, I will say that mine gave me many, many more! I just think there could not exist a better person than my father."*

Then, when we become teenagers, we say, *"My Dad is getting old. He never understands me. I try to explain something to him and he comes up with something else. He says that I live in another world, and he always yells at me. It seems like he only speaks to me to complain about something I have done. He does not allow me to be who I am. I don't want to say anything because he gets so irritated right away. If I come home with bad grades, I will be risking my neck. Just because I play loud music, he tells me that I want to destroy the house, and accuses me of being deaf. With all this, I have found much better refuge in my school friends. I need to be with them, even though, quite frankly, I get bored with them. My Dad always treats them badly and warns me about the people I choose as friends. It seems my father got old — and so out of fashion..."*

When we become young adults, we say, *"I'm glad I can do things on my own. I have to keep a good distance from my father now, and be responsible for my own life. I like having conversations with my father, and even consulting him on some things, but it's better not to let him enter into my space too much. I can visit with him sometimes, but the less he gets involved in my life, the better! He still wants to give me direction and tries to control me; it's very hard for him to let me go out on my own. It's true that I need him, and I do want to hear his opinion on what I'm doing. But having some healthy distance, that's the best thing I can do."*

As we become full adults, then we say, *"Well, my Dad was right... So many things he said to me I now understand... I see things more clearly now. I remember rejecting so often my father's interventions in my life, but now I see it was a blessing that I had him! I can even recognize many parts of his personality in me. I have come to understand him a lot more, to love him like never before... It's good to see how much I am like my father!"*

All these changes in attitude reflect a process of 'integration' — integration of the paternal figure. Through the years, we come to realize that we have, in fact, "reproduced" the paternal and maternal images in many of our own attitudes. The same thing that once looked threatening to us ends up being the basis for our own personality. Many of the very behaviors we rejected in our parents get *learned* by us, become a part of us.

I have intentionally referenced the examples of the 'father' image, by the way, as I have seldom found people with good paternal images. I dare to say, in fact, that one of the bigger wounds in our personalities is the one caused by our father figure.

In many cases, the wound has occurred because of a total absence of the paternal figure. In others, the father figure was present, but unexpressed feelings and lack of dialogue marked the children forever. Even in the most fortunate cases, the effect of the paternal image is so strong that 'integrating' it is a real challenge.

Both the paternal and maternal images, which form the basis of our personalities, can essentially create a 'cage' effect. My own story includes an example of this.

I feel very fortunate to have had the parents who brought me into this world, who brought me life. The relationship with my father, especially, is something I will always regard as a gift. As the middle child of three brothers, I had a personality very similar to my father's, something my father immediately recognized. Consequently, he showed great preference to me over my brothers on many occasions.

As a child, this facilitated the development of my confidence in my father. My Dad became my friend and my hero. Two special memories of that time have stayed with me...

We came out of the theater one day and, in the movie we had just seen, there had been an orphan girl, looking for a home (Tammy). Of course I had liked the girl. So I said to my father, "Hey, what about if we invite Tammy to stay with us!" My father listened to me, respecting my feelings and then said to me, "Look, Enrique, Tammy lives far away from here, and it is very likely she has a boyfriend by now. I don't think we can bring her home." I kept on thinking, as we walked, and then I insisted, "I know what to do! We will send her a bouquet of flowers and you'll see, she'll come to stay with us!" My father smiled at me and said, "O.K. Let's try it."

This memory helped me to identify my father as a friend. He had time to listen to me. He didn't just dismiss my thoughts. He stayed with my feelings and helped me to grow them. Since then, I have felt the freedom to express my feelings, without fear. I believe this has contributed a sense of zeal to my personality.

A second childhood memory of my father also contributed to me greatly:

I remember my father telling my brother and me, "Get ready! We're going to the mountain to hunt a lion!" Immediately, the feeling of excitement welled up in me. I had to look for a piece of wood, for my weapon. The desire to follow this adventure made me so deeply happy!

When we walked, I held my father's hand, feeling secure as we ventured into this fantastic mountain to meet the lion. In reality, it was only the small hill behind the house where we used to live, and, of course, we never saw any lion. But... I lived those imaginary moments as if they were the most wonderful adventure, partly because of the reinforced excitement that came from my father's eager participation.

It is to this specific memory that I attribute the sense of adventure, which I now enjoy as an adult. I have found that adventure adds great zeal to my life, and my love for the mountains, and all of nature, continues to be a strong part of me. Likewise, the confidence I feel when I must confront unknown challenges, is inspired by the image I have of holding the hand of someone who wants to protect me.

And so, in the foundation of my own personality, I see evidence of that strong friendship with my father. These memories, and many others, are signs of the 'goodness' he shared with me. *On the other hand*, it is this very friendship, and the tremendous preference he showed for me over my brothers, that has also created obstacles for me to overcome...

My position as the golden child became even more enhanced when I decided to enter the seminary and become a priest. My father, who had been a seminarian and had left only two years prior to ordination, saw a reflection of himself in me, as I followed in his footsteps. Pressure for me increased tremendously. With time, I noticed his pain whenever I would do things that threatened my priesthood. My father, my good friend, who had inspired in me an adventurer's heart, was also the most supreme pressure in my life. So strong was this pressure that I was in danger of seeking to fulfill *his* desires instead of being *my own* person. The options, the challenge lay before me; I had built my own cage. Even within the most positive part of my personality was buried this danger that could prevent me from finding my individual freedom — a freedom that would open the doors to my becoming, authentically, the full person that *I really am*.

It has been a long road rebuilding the confidence between my brothers and me, helping them see the love my father truly had for them, healing the effects of the notorious preference he held for me. Our good relationship, and friendship as brothers, has helped heal the situation. For me to simply be 'the brother', rather than our father's 'golden child', has helped free me from that cage!

My father died on March 4, 1998. My mother and brothers have been able to save the best memories we have of him. Now, with total freedom, outside my cage, I can say, "It is very good, that I am like my father!"

All of us, even in the most positive scenarios of the paternal / maternal images, have to face both the 'goodness' that is shared with us and the 'missing' elements — all of which carry on through us. It is in this mix that some of our biggest cages exist.

Enrique and his parents, Cecilia and Ignacio.

SOCIAL AND CULTURAL MESSAGES

Another element that deeply affects our personality, even without our contributing very much, is our culture. It frames the elements of our environment and its challenges, our society and its values. All these get translated into customs, which all become reproduced in us, along with the ideologies of the moment. Our culture also frames the outlet for our lines of thought and for our spirituality — which is our ability of transcendence, our ability to go beyond 'ordinary' experiences.

It is quite amazing to think that all human beings could live together in a world of so many diverse cultures. Now, through communications media and the great mobility of our generation, almost everything is within our reach. And we find ourselves living together with, or closer to, people of diverse cultures, challenging us all to become aware of the richness of each of our own cultures. Given this 'closer' environment, if we are unable to share with others, we will indeed find ourselves in a new cage.

Our culture is another gift that is given to us. We do not specifically request it. We automatically become people in relationships. Everything around us influences our personalities and has a role in shaping us. We begin receiving internal messages as we enter into contact or relationship with our environment. Even the geographical region we live in, and its weather, determine a number of the characteristics that become assimilated into our very being.

In fact, the constant challenges posed by the different weather of different peoples' homelands require from us a continual adaptation. Are you aware of the characteristics that have developed within your personality due to the specific environment where you grew up? Today we can find ourselves interacting with people from the sea or from the mountains, from rural areas or from big cities, from hot climates or from cold ones. Being able to recognize the inherent differences within each culture is a significant gift! Each environment influences human behavior in a unique way; and the more we know about these influences, the more gifted we become.

As I have worked closely with many groups of people over the years, it has been so great for me to become aware of the influences of environment on our personalities. It has taught me to be much more open to people and their behaviors. For example, I share the following story with you...

I was born in the central part of Mexico, in the big city. While there, I never noticed the aggressiveness and isolation that is typical of big cities, where people tend to mistrust everyone and be very defensive. I gradually became aware that, in big cities, we are on the move all the time, among huge numbers of people, seldom talking with people, always being wary of strangers. With local neighbors, we shared, but with great boundaries, and we always were cautious in choosing who would be invited inside the house. As for weather, in Mexico City it is generally fresh, with cold days in the winter.

When I was ordained, I was sent to work in the state of Tabasco, south of Mexico, by the coast. The difference in the people was huge! So hot was the climate, that absolutely everything was in the open. Similarly, people were so openly expressive that it looked like nobody was an unknown! Everybody seemed to know everything and everybody. The style of dress was as open as the houses. As for the homes, it was acceptable for one to enter and even go directly to the kitchen and eat everything, the first day that one was introduced. However, human relationships in such openness also tended to be superficial and the ability of people to internalize was much more difficult. Because people had to work during the very early hours of the day, when it was cooler, it allowed plenty of time for socialization during the evening. Of course, in the middle part of the day, during the intense heat, everything stopped.

*Very soon I realized that, if I were going to wait for a response from these people, the same way as I would with the people in Mexico City, I would become very frustrated. So I had to adapt myself to the situation, open my mind to realize who **they** were and why they were different. I didn't have to change my own values or depart from my own style of being; I simply decided to welcome the way that these people were.*

This scenario represents only the influence of weather and geography. When we reflect on our *social* diversity as well, then we enter an area where it is much more difficult for us to change or adapt.

The society in which each of us lives right now is sending us numerous messages, messages that we unconsciously integrate into our own personalities. We all wish, of course, that the values we receive from our society would be targeted for the 'common good', but it is only a dream to believe that people grow up learning to look for the good of all human beings, hoping to transform this world into a place of equality and human respect. Nevertheless, such honorable goals are expressed as the basis of all societies, even though the reality is quite different. Every day we are confronted with injustices from the abuse of power, the centralization of production in the hands of a few, at the expense and impoverishment of great majorities of people. The manipulation of the media, and the control of the ideologies to create silence on these issues, create violence. At this point, such a society can be described as 'sick'. When it is clear that the main value is materialism, that particular society is on the edge of death. Some of these messages have been received by us already. They are a part of us. They influence us and can even be at the root of our own inner death.

To learn to be with people of other societies presupposes that we have to learn both the good and the bad of our own. Why? Because it will become part of the conflict as we seek to be open to other people and their differences.

Several years ago, Fr. Jim Callan and I hosted, in our home of Rochester, N.Y., a young man from Honduras. His name is Betel. He crossed all the way from his country trying to reach Canada, hoping to find a better future. He tried thirteen times to illegally cross the US border, risking his life each time. Every time, he was caught by immigration police and sent back, but his great determination made him keep trying. Finally, on the fourteenth try, he was able to pass through and with some connections, he somehow got to us.

One day, I saw Betel totally immersed in the Sunday paper, which in Rochester carries all the sales from all the stores. I watched him and pondered about what was crossing his mind, coming from such a small, poor rural town in Honduras. It almost looked like a voice was speaking to him from the paper, "Buy me, buy me... I'll make you happy!"

As I sat next to him, we began to converse. "Welcome to the US," I said, "It is a wonderful place, but you will want to be careful. Your eyes are going to dance even more, with all that you'll see! But the message from these sights, these things — it could be a lie. You may come to think that you need something that you actually don't, because our society works very hard to create such needs in people, needs which they don't really have. We call it 'consumerism, materialism'. You will read and hear promises of happiness if you buy certain things, but such happiness is quite false. And it becomes addicting too! You want always to have more, but what you acquire does not make you happy for very long, or very deeply. Our people even compete to have more than each other, even though their purchases do not bring lasting joy. Betel, I hope you will not lose sight of your culture, the values you learned about a simple life. You can work hard and improve yourself, but I hope you do not allow consumerism and materialism to kill your beautiful spirit."

My conversations with Betel were many and long during the month he spent in our home — all of them aimed to preserve the values he had brought with him from his own culture. His very own values were now being challenged by the new culture. Together we examined the two extremes of this new culture: the values of freedom, equality, and dignity, positioned simultaneously along with the risks of individuality and violence and greed. We especially recognized the struggle for equality of women in both societies. And together we realized that in this new culture, as in others, one could find "all that is good as well as all that is bad."

The values we see in our society determine the customs we create in our life. Hence we speak of creating a life style. We create patterns for the way we spend our money, the entertainment we choose to enjoy, the ways we decorate our houses, the ways we dress, the frequency with which we eat outside the home, etc. Our choices in these things become our personal life style. There is nothing wrong with any particular life style we might choose — but there *is* a problem if and when we feel we cannot *change* from a particular life style, or modify it, or simplify it. It is a problem when our chosen life style becomes *part* of us. It can become even more of a problem when many of the choices we make for life style become 'traditions', as we repeat them over and over through generations, shaping our culture even more.

These traditions influence us in such a way that we say, "We are children of our times." Our task, however, is to recognize the values behind our cultural expressions. Recognizing the *values* behind our life style choices allows us to enter into relationship with people of other great and diverse cultures. To be recognized by the *values* we hold in our cultural expressions is to open our own world.

It is through our *customs*, as opposed to our true *values*, and through our inability to be open to the values of other cultures, that we can find ourselves trapped in a troublesome cage.

I have come to love and appreciate so many of you here in the United States that it still saddens me deeply when I travel to other places and see the stereotype 'gringo' image that has developed. "North Americans demand to be served," it is said. "They criticize everything that is different from what they are accustomed to in the US. They maintain a distance from the local people, frequenting places that are accessible only for tourists."

Oh what a huge cage we can build out of our own culture, especially when we become unable to enter into others' cultures and feel a part of it.

Another element of culture that has an influence on our personalities is ideology. This refers to the type of *thought* that dominates our period of time and how we are affected by it.

For example, it has been said that this is the generation of mass media communications; that significant amounts of information pass through the media every day, striking and confronting our minds. It would be naive of us to think that there is not a key message behind everything we hear. So here again, work is once again required of us: We need to learn to read everything with a more "critical" mind, a more "discerning" attitude, as we learn to identify the hidden ideologies. They all depart from a specific line of thought.

Just think, for a moment, about how much time you spend watching TV, even while you are just resting. Laced through every program you select, there are numerous commercials. Many of the messages are obvious; but are you aware of how many subtle messages are passed on to you?

It is late. Outside it is dark and cold, one of those classic winter nights when you decide to take an early refuge at home. In front of the TV. All of a sudden there is a commercial showing young people in bathing suits, jumping and dancing on some beach in paradise, with a bright, blue sea glistening in the background. They're all drinking beer, laughing, and having great fun. In less than a minute or even thirty seconds, the commercial is over. There you are on the sofa feeling worse now than you did before. After all, there is no sunny beach for you, no blue water, and nobody to dance and laugh with. It seems that the only thing within your reach is the beer. So, just like a robot that has been plugged in, you get up and go get that beer. You imagine that it will surely alleviate the misery of this night...

Such messages are called 'subliminal messages'. They are carefully planned and rehearsed to create urges inside you, urges that are subconscious. You think you are choosing to have a beer, for example, simply because you want one; you are not aware that such a desire or need was created by the commercial, manipulating you to follow up on a planted thought. Not hard to see how a cage could develop from this kind of repeated scenario, where someone else controls your urges! And just think about all the other subliminal messages you receive.

Even more difficult are the ideologies that *surround* our particular life styles. These were easier to identify when our world was divided between 'capitalism and communism', between 'first and third world', between 'liberal and conservative', between 'democrat and republican'. At any rate, finding the 'opposite' somehow makes it easier to define who we are. But in so doing, in putting ourselves in one slot or the other, we create once again our own cage.

For example, while defining the communist world as the enemy, it was easier to portray ourselves against that social system. We condemned it, we found all types of problems and faults with it, and when it collapsed, we were delighted. But very few of us have extended that same unmasking process to our own system of capitalism, where most certainly death exists as well.

The basic *values* we want to support within our society have to be evident in everything we do, but we must always be aware of the dangers attached to any extremes. For example, the concept of 'National Defense' sounds like a fine and wise thing; but it can also make us feel more aggressive, more willing to see the rest of the world as the enemy! Likewise, the value of defending life from a mother's womb can reach dangerous (and ironic) extremes when one becomes willing to kill those who do not agree! And the concept of 'Neo Liberalism' can reach the extreme of concentrating economic powers in the hands of a few strong firms, causing the total destruction of small businesses. Similarly, the theory of race supremacy can reach the extreme of bloody wars, which are much more cruel than any we have already witnessed. And these actions are supposed to reflect 'supremacy'?

Learning to critically read everything that is given to us, including the signs of the times, will help us to continue seeking a line of thought that reflects liberation, integration, and respect for the human being. Continual awareness and analysis of the signs of our times is essential as they keep changing rapidly. Such constant analysis will prevent us from 'sinking' in small, unnoticeable ways. It will also help us to continue opening our hearts and minds, inviting change as we learn from other cultures, from others' thoughts.

Our times are recognized as "multicultural", where the richness of our own culture is discovered as we share with many more. It is here, within this multicultural opportunity, that we can hope to see the possibility of liberation from our own cages. We can allow ourselves to be diverse, to think diversely, while still living in our own space.

RELIGIOUS MESSAGES

I have reserved till now this subject of religious messages, and how they form our personalities, due to the priority they have in the formation of our inner self.

Religious messages are considered part of our culture, since religion and its expressions are learned within each culture. It is within our religion that we can be awakened to the dimension of faith, the discovery of that Absolute power, far beyond our own selves: the beginning and the end of all things. We become aware of the Somebody who is the center of the universe and who motivates the deepest part of our being... the Somebody who makes us keep on searching, yet, at the same time, provides serene encounters and real experience... the Somebody whom we can recognize in all created things, who is, at the same time, unreachable, *incomprehensible*. The Somebody we call **GOD**.

The experience we have of God will determine how we search for meaning in everything we are and everything we do. It is in this relationship with God, or our perception of Him/Her, that we also come to appreciate our own human limitations and finality. And, of course, it is from this experience with God that our ethical/moral behavior becomes endorsed.

It is in this extremely vital experience of our human 'being' that we see how the religious messages, which form our particular experience of God, can lead us toward an authentic liberation and plenitude of our self. Or, these messages could include strong elements of oppression or condemnation — imprinting on us the heavy weight of guilt. A guilt that we might have trouble leaving behind.

While our experience of God is *nourished* by our religious practices, these practices themselves do not necessarily *ensure* an experience or relationship with God. We need to discover a process of gradually maturing faith that lets our relationship with God unfold. And we do this while we travel through different stages of constantly changing religious expression.

I invite you to enter your own story once again and to find your own process of maturing faith. I believe that we all go through learning stages, where all of our religious messages gradually begin to stay with us and increase our trust.

One of the strongest memories of my own childhood is Sunday with my family:

Each week my father would call to us, "O.K., let's go to Mass! Come on now, get up! Hurry up!" He was always the first to remind us it was time for Mass. Not one of us would dare to counter him on this idea, so always we had to get up and get on the road. Then we would arrive at that mysterious place, where lots of people were together, behind some other person who was doing a whole bunch of things and speaking in Latin. I could not understand a word, but I did come to like the sound of it all; I even started to repeat phrases that I kept hearing. Still, I always volunteered to take out my younger brother when he started to get noisy and restless. That was my opportunity to get out of there!

It was in this fashion that the very first religious messages came to me. The primary message? That I had to go to Mass to fulfill the Sunday precept, otherwise I would be committing a sin. I didn't understand any of this; but it all sounded quite terrible to me.

Another custom my father initiated at home, after Mass, was to have all of us gather around him while he read us stories about Jesus from the Bible. Many times I tried to hide from my father. This never worked, however. So I had to listen to his reading and preaching. Even though I did not like it, little by little I began to acquire a different religious message. This time, I was coming to know the face and person of Jesus. It was much more personal and gave me a whole new perspective...

My catechism years were quite bad for me. My teachers seemed much more concerned about teaching me prayers than teaching me about how this Jesus was a friend who could give meaning to my life.

Through all these growing years, my religious messages included such things as, "That is bad. If you do it, God will come and punish you!" I felt like all my actions were being watched by God and I feared He would retaliate! Many of these messages were affirmed by the priests as well. When I was able to understand what they were actually talking about, it all sounded like reprimand and threats of condemnation, things to happen in Eternal Life! One of my worst experiences happened a few years after my first communion...

I went to church on my bike; it was time for confessions. I stood in line trying to remember my sins. I felt so nervous that my legs were trembling. When my turn came, I was on my knees before the priest; he surprised me by asking me to say a prayer out loud, one that I had not practiced. In the midst of my tension and fear, I tried to recite the prayer, which I did not do correctly. The priest was furious and had a huge tantrum, hitting me on the head; I felt totally terrified and rejected. He sent me to learn the prayer before I could receive confession. So embarrassed was I, and so angry at the priest, that I left the church, saying that I would never return.

Likewise, the religious sisters who directed the school or helped in the parish, came across as the 'messengers of punishment', clearly warning us that we would be punished if we misbehaved.

We saw them as people who sacrificed a normal life for one that gave them no joy — in exchange for the moral power to reprimand and to impose laws and regulations, always with a straight, severe face. Much of our contact with them was for the reciting of prayers and clarification of proper church behavior. This, of course, left us with the impression that 'church is meant for silence and quiet devotion'. I saw them as having chosen a life which they would dedicate to prayer, and it was said they had married Jesus! All these things served to create in me an association of priests and sisters as sources of punishment, discipline, order, regulation, and fulfillment of rules. The message of love was somehow forgotten. Totally absent.

How many of us have similar memories of religious sisters or priests? How many of us have endured such negative experiences, or worse? How many have kept inside ourselves a feeling of guilt, guilt that revs up and attacks us quite frequently? And how many of us have had our perception of the religious or spiritual world affected by our early experiences of church? Because many of us were confronted first with the realm of rules and discipline, rather than an encounter with the loving face of God, we often are more focused on disciplines and prayers, rather than the elements of love, tenderness, compassion, and friendliness. And because God was always portrayed as far *beyond* us, few have grown up with an awareness of how *truly accessible* He is to each of us.

It is true, of course, that not all memories of priests and religious sisters are negative. I am sure we all have those special people in our lives who shared with us the human and bountiful face of the Lord.

In my personal journey, some of the most valuable and powerful religious messages came from a priest friend, Samuel. This priest, a leader of the youth group in my hometown, had a smiling face and was very close to us. He would take us all in his little car and sing all the songs we liked. He would spend time on the street outside the parish, talking to us about the kind of relationships we should have with each other. To me, Samuel represented the friendly and merciful face of Jesus, as I had learned about Him through my father. My affection for both Jesus and Samuel caused my faith to grow; and at the same time I learned, as a teenager, how to share my love with others.

Thanks to Samuel, I was able to see that God could be present in my life through my own ability to love as a friend. Such feelings of affection brought me much joy at that time in my life. But this was still only the beginning of my faith journey. Now, because of Samuel, I had another new perspective again; I had the experience of a Loving God. Still, much more was waiting to be unveiled...

Our parish youth group had organized a mission. We traveled outside Mexico City to a very poor area for an entire week. This happened to be the very first time that my parents allowed my older brother and me to spend time away from home. The young people's group was comprised of both males and females, so it became for me, a nice adventure. It was through this experience that something occurred which marked my life forever.

The youth group of the town we were visiting had challenged us to a volleyball match. It soon became the biggest event in the town. We were all extremely excited and were in the midst of anticipating it when one of the religious sisters in our group came up to us and said, "I have made a commitment to visit a local family and I need to have one of you come with me." (Go with her? Now? But how could she ask that?) We all kept silent. No one moved. Obviously no one wanted to miss this great game. Then, much to my own surprise, I simply felt the need to go with her.

As we were walking, the sister prepared me for the visit, saying that we would be visiting with an extremely poor lady. Finally we arrived. When we stepped inside and I saw this woman's home, a very poor structure, built with mud and a cardboard ceiling, assembled with the help of a few stones, I was shocked. I became almost frozen. I could not believe that anyone lived like this. Then, from another room, came the woman. There was nothing graceful about her. But as soon as she saw us, she kindly invited us in and tried to make us comfortable. The religious sister spoke with her and seemed to show a great deal of respect for this woman. Then the woman shared with us the very few things she had to eat. The very best of what she had to eat What a great moment of tenderness. It was in this moment of great kindness and gentleness — demonstrated by both women — when I suddenly realized that something much bigger was happening: the woman had offered everything she had because she believed that somebody much bigger than just us was visiting.

Those days of the mission in that town gradually faded. But the images of the woman and the religious sister never left my mind. Later, I was able to put into words the effect that that experience had on me. *I knew that I wanted to be the presence of God for other people. And I could do it simply through my own person.*

The growth of my faith had finally matured — when I encountered the face of God in the poor. As I began to reach out in friendship to the poor, wanting to bring God's presence to them through my own person, I felt more and more that this was the path I needed to follow. So clear was the impact of this enlightenment that it became like a seal for my life. And over time, as I have faced difficulties in my faith life, I always reflect back on this single experience and awareness to help redefine my way again.

Now that I had arrived at this point of growth, the Sunday and daily liturgies began to have more meaning. Jesus Christ was not, for me, an *idea* anymore; He had truly worked Himself into my personal life, showing his face very concretely in the poor. To go to Mass now, was no longer just to fulfill an obligation, but to go find the loving face of my friend, Jesus, who had offered Himself to me. Suddenly the rites had new meaning, and to be in the Church was to share this meaning with a community of other believers.

Having shared my personal experience with you, I would invite you again to enter your own personal story, and to examine those old feelings of obligation inspired by your religion. I would ask that you check out those old fears, based on threats of condemnation and sin — and leave all those messages *in the past*. That is where they belong. They cannot stay with you, or with me, as we move along our journey of faith.

If we think of our journey of faith as a process, with different stages, then we might refer to the *first stage* as the 'Childhood' of our faith. (Not that these stages are about age; we will simply describe them this way to try to understand the various levels and the relevant challenges.) This first stage represents a time when everything is *given* to us. We move along in a state of total dependency. Like a child, we look only to receive. Our prayer life, therefore, becomes a full-time petition.

Also like a child, our inner experience of God is quite full of magical elements and we are always seeking extraordinary things. We are moved by feelings and we seek out experiences centered on the emotions we feel. It is then that we say we had a spiritual experience. Throughout this period, feelings come and go, the way feelings do, and when they 'go', we feel like we have lost God. So we look for a group of people who will give us orientation and spiritual guidance. We depend on places we see as sacred to try to re-enter into relationship with God. Prayer books become a real treasure; we need the words that will best guide us in our meditation with God. Pious expressions abound during this stage and are visible in all different cultures, reflected via pilgrimages, devotions, songs, and dances.

External rites are sought out to help us be in touch with the Sacred. As we all know, there are many adults in our lives who have never left the 'childhood' of their faith.

A *second stage* in our faith journey could be called 'Young Adulthood'. This stage is marked by the first breakdown of the magical aspect of our faith. We enter into a much more critical stage. Literally. We question and critique everything, and what was once called profane or unholy somehow gets integrated into the faith process. We acquire a better vision of the whole rather than just the parts. The personal relationship with the Divine is the key to this stage, but the Divine becomes less divine, more integrated into our own self. God becomes an experience of mercy. We are less fearful of entering into our own depths and being confronted by our dark side, full of limitations and sin. We no longer seek to be among masses of people, but prefer, instead, smaller groups that are much more intimate places for us to grow. There is a better integration between Scripture and the life we live. Devotions become more pure; they are transformed into simpler experiences of faith. We depend less on religious rites and tend to become much more personal.

One of the most significant changes in this stage is the purification of the senses. Saint John of the Cross called it "The Night of the Senses". Faith is no longer based on "feeling good". We feel great, great periods of dryness, in fact. Prayer changes too, as it begins in the heart and seems to lack words. We feel a strong movement toward others. God becomes more transparent, more visible in simple human encounters. And we become better able to accept other people as they are. Consequently, we are moved to engage in the struggle for justice, to embrace the universe and all it contains. In this faith stage of 'young adulthood', we prepare to live the consequences of loving the poor and the voiceless. We learn to stand firm in our own truth, even when abandoned by good friends. And we learn to feel the pain of others as we would our own. Even though we travel through a lot of emotional unbalance, we begin to experience the good taste of 'doing good'.

The *third stage* of our faith journey is 'Adulthood'. And this is the stage of fulfillment, of plenitude, of abundance. Whereas we used to be totally dependent on God to *guide* us, as would a child, now we become totally dependent on God because we are so *absorbed* by Him. To be absorbed by God by no means signifies a loss of our own identity, but rather the fullness of our identity in Him. We find, in this stage, that we are eager to be shaped by God. References to this period of our faith, again by great saints such as Saint John of the Cross, describe the entrance to this stage as a second purification, or "the Night of the Spirit".

It is in this stage that we actually experience transformation of our own faith experience. Everything we have held inside us as sacred up to this point needs to be cleaned out, to allow God to be totally inside us. There is a total absence of control on our part. Our intellect and even our spirit get emptied. Everything we have come to understand, all that we have assimilated, needs to be transformed. Because of this, even our external face changes; it reflects a more complete self, giving itself for other people's sake; it is the face of peace, even before the power of death. This is the stage of proclamation of the Good News, visible in simple words and actions full of goodness. It is the time of integration between all human beings and the universe — *within a single person*. That is why, for some of the saints, prayer consists of no words at all, just solitude, as they feel the oneness with all that is created.

This is a simple outline of the stages of faith. I would emphasize that the actual growth process is one of gradual integration, gradual freedom. It is a long and strenuous road to plenitude, to fulfillment. That is why analyzing the religious messages we have received since childhood plays an important role in our path to freedom. If we focus on an image of God as one who is mostly concerned with the fulfillment of norms and rites, this will prevent us from journeying through all the stages of growth. If we rest comfortably as judges of our brothers and sisters and their behaviors, we are usurping the position and privilege that belongs to God alone.

While religious messages and attitudes can contribute to the building of some of our particular cages, examining these same messages and attitudes can also help us to *recognize* the cages. If the values we hold strongly in our heart stem from the 'childhood' stage of our faith, this can clearly become a source of conflict and frustration for us — not to mention the reason for our lack of freedom and fulfillment. And lack of abundance in our life.

I believe that we must come to experience God as *merciful* love, as *human* and *simple* love — not just totally beyond human — if *we ourselves* are ever going to become free enough to love. It is my hope that all of us can find this freedom.

PERSONALITY STRUCTURE AND IT'S 'GOODNESS'

We have examined how different messages can form our personality and make a mark on our particular stories. What about the overall question of our identity? Who am I? Am I only the fruit of a series of messages that I've assimilated through the years of my development? Is there really anything very unique about me?

Such questions invite us to enter the structure of the 'self'. Clearly, we want to affirm that we are unique human beings, human beings who can't be repeated. Our sense of dignity makes us want to claim self expression and liberation. It is important to say that we can choose the road that will lead us to fulfillment as human beings — and that via this choice we are making our own destiny: *'Nothing has been pre-arranged for me. It is I, and the way I choose to deal with all my circumstances, that will make the fullness of my person.'* All the messages received from my family, from my culture and society, and from my religion — they will become integrated in me and exercised by me in a way that will shape me as the person God intended me to be.

I use the word 'Self' to refer to the very center of the person that each of us is. In the Bible, this center is called 'heart'. It is from this very center that thoughts, decisions, needs, impulses, feelings, emotions, behaviors, relationships, dreams, and so on, emanate. The Self is the totality of one's being, without division. It causes all of our behaviors, which are unveiled when we say things like, 'I love, I feel, I'm tired of, I dream about, I have this desire to, I need...'

Let's contemplate the 'Self' in terms of its polarization, its two extremes: the 'director' and the 'directed' (along the lines of recognized psychology scholars Brammer/Shostrom Psicologia Terapeutica).

It is in the 'director' polarity of the Self that we find our rational mind. Thanks to this aspect of the Self, we come to know both the external world and our own internal world. We learn, through words and images, all that we need to adapt to any new realities. In this rational part of our mind, we are able to evaluate all elements of reality, allowing us to react accordingly. It is in our rational minds that we identify meaningful values, values that clarify the significance of our existence.

It is also in this 'director' polarity that we find our Conscience, formed by all the meaningful values that we have learned. These values help provide us with a moral judgment for our own behaviors and other happenings.

In the director polarity we also find the Will, something we identify as an instrument of freedom. The strength of our Will comes from our motivation. A person of strong will is someone who is determined, because of a particular motivation, making him or her want to fight against any obstacle to achieve his/her fulfillment.

The other polarity of the Self is the 'directed'. It is in this place that we find our needs and motivations. It moves us to find in the world a triple category of values: *vital* values, *fulfillment* values, and *spiritual* values. The Self searches for *vital* values just to help it survive, to continue existing. It seeks out *fulfillment* values as it struggles for individual development. And it searches for *spiritual* values as it aspires to go outside the Self, to find plenitude far beyond one's own self interest or needs.

We all know that when our needs or motivations find completion, we are able to experience the ensuing emotions, and we proceed to live out the feelings.

What is the purpose in recognizing the polarities of the Self? Only to see how, when the two polarities are not integrated, we will find ourselves in the worst possible prison. Whenever the mixture of messages we receive causes some kind of division within our inner Self, this means that we are in need of 'liberation of the Self'.

Another way of speaking about the polarities that operate within the Self is in terms of Masculine energy and Feminine energy. (Ref: John A. Sanford, The Invisible Partners). Personally, I prefer the vividness of this terminology, and studying it has shown me that our world, as a whole, and all of us, as individuals, have been dominated by the 'masculine' energy. Whether we are male or female, there is both masculine and feminine energy designed to be in each one of us, and when the feminine energy is left behind somewhere, we are bound for destruction — in our own personality and in the world at large. Our world, our institutions, and our own Selves require the integration of the 'feminine' in order to become whole.

All it takes is to open our eyes and look at the heart of many families we know. We can see the constant wounds, repeated generation after generation, caused by the fear of expressing one's feelings. Likewise, we can see our institutions, dominated by the more masculine energy, becoming more and more impersonal. And we can even see our own selves, constantly refusing to share emotions openly since we label them as weak or inappropriate expressions.

The natural desire to seek personal integration calls us forth to establish a relationship with our inner Self, to give full expression to the person we are. And it all starts when we are invited to recognize that nothing of what we 'are' should be labeled as evil. My own needs simply speak of the real person that I am. My emotions and feelings need to be lived in all their intensity. To constantly search for new motivations is to be creating the road to fulfillment. The inner voice that begs for us to define ourselves is what I call the 'Eternal Wisdom', buried inside our Selves. It simply says: "The work isn't done yet; there is still much more!"

This is the reason we must be consciously aware of our Self: it will allow us to develop the full integration of both our masculine and feminine energies. Different schools of *psychology* have their own theories on bringing about such full expression of the Self. Different stages of *spiritual growth* are also centered in the transformation of the Self, based on the model given by the revelation of Jesus Christ. Therefore, from the perspective of psychology, we can examine the process of becoming a "full Self"; from the perspective of our spirituality, we will look at the process of "becoming Christ"...

The Forest

One day, Moses was taking care of the sheep and goats of his father-in-law, Jethro, the priest of Midian. Moses decided to lead them across the desert to Sinai, the Holy Mountain.

There, an angel of the Lord appeared to Moses, from a burning bush! Moses saw that the bush was on fire, yet it was not burning up, not being consumed. "This is strange!" he said to himself. "I'll go over and check this out, find out why the bush isn't burning up."

When the Lord saw Moses coming near the bush, He called Moses by name. Moses answered, "Here I am..."

God replied, "Don't come any closer. Take off your sandals; the ground where you are standing is holy."

(Ex 3, 1-5)

Chapter 2

The Forest

INTRODUCTION

I love the image of the forest very much. This is because I have always experienced a sensation of adventure when going into the forest. To walk in the forest is to walk in the unknown. It invites us to take risks, to leave our secure lives and familiar paths behind, to venture into places where anything can happen.

In spite of this 'unknown' aspect of the forest, it is here also that I experience a coming into contact with that which is 'natural', that which has not been touched or transformed. It is in the forest that we enter into the power of nature, a power that calls us to be who we really are. In the forest we do not need coats or ties or titles to represent us. It's just us. We do not need to put on a mask, to pretend to be someone we are not. In the forest we receive the call to be authentic — to enter into what is *essential*, because it is *natural*.

I truly believe that the forest also represents the calling that exists deep inside us, a calling to search for the natural person we all are. It is the calling to enter into the unknown, to discover our own identity. To enter into the forest is to risk being vulnerable, weak, and fragile — and through this vulnerability, to find our very strength. *"My grace is enough for you; my great strength is revealed in weakness."* (2 Cor 12, 9). Only when we dare to risk are we able to find values in our own selves that we could not see any other way.

To me the image of the forest is always simultaneous with the mountains. And so, to enter into the forest is also to go up to higher altitudes. I have always considered our personal fulfillment, in our spiritual journeys, an ascension to the mountain of God.

This is why I would like to invite you now to come to "the forest". What might *you* find in the forest? In what way is it attractive to you? To each of us...?

You might already be asking yourself, "What does the forest look like in my own life?" The answer to this is simple: all the times when you find yourself dissatisfied, wishing for something more, dreaming about doing something for other people, experiencing the inner fire that invites you to go up higher, feeling the desire to love — those are the times when you are looking at the forest...

A STORY

Several years ago, I had the opportunity to organize a camping trip with my older brother Ignacio and his family. Together we had been dreaming about the many ways we could accomplish this trip. The idea was to drive from Mexico, pass through the National Parks of Colorado, Wyoming, and Montana, then reach the Canadian Rockies. We would then return along the coast, via British Columbia, Washington, Oregon, and California.

The goal was very clear for us: it would be a return to the natural world. We wanted to escape into the forest, enjoy the sunsets, relax by the lakes and rivers, and hike into the mountains. We set apart a whole month to be able to do the trip: six people with a common goal, a common desire. We even pooled our money, about five hundred dollars each, to cover a month of joint living expenses. This was not a lot of money, but our plans included no restaurants or souvenir stores. Plus we would sleep in our tent and do our own cooking. With great enthusiasm, we got ready for our trip!

Family and friends tried to tell us that such a trip was impossible, that the driving and camping would be too much. They begged us to think about all the dangers on the road as well as in the forest. They called us dreamers, with no grounding in reality. "You don't have enough money," they said. "You are crazy!" And our challenges were heightened even more so when we received information on how to act if we were confronted by a bear! Yes, we were afraid. But... the desire for our adventure was stronger than our fear.

So we went on the trip. And almost immediately the surprises started to come. When the immigration officer asked us the purpose of our trip, and saw that we were prepared for a serious camping trip, he suddenly focused his attention on our proposed journey, forgetting about all the paperwork he had started to inquire about. He ended up telling us not to miss Yellowstone Park. What a gift his interest turned out to be, for we had no insurance on our van, as this is optional in Mexico. Fortunately, we were not asked to show any papers; otherwise our trip could have ended right then! We proceeded in similar fashion for the entire trip. For example, we had no reservations for any of the campsites; but everywhere we went people helped us out, and with great kindness. People seemed more relaxed than I had ever experienced. Everywhere we went they wanted to talk with us. In one of the campsites, a divorced man, alone except for his son, came to talk to us; he ended up staying to eat with us.

When we were in the forest and in the midst of colorful sunsets and huge mountains, something even more precious happened. I noticed that my brother, Ignacio, was doing everything with great peacefulness, in contrast to myself who was always urging the group to soon be on the road. I stopped to observe my brother. Truly, he was enjoying every single moment of the trip. It also seemed like the best of him was coming out during those days. One evening, as we were drinking our coffee by the lake, we engaged in a beautiful conversation. He shared with me that he was in a whole new stage of his life. He had just gone through a serious surgery that saved his life, and due to the economic woes of the Mexican peso, his business had gone into bankruptcy. He was actually in the process of losing his house (it did happen, right after the trip). But, in spite of it all, he felt something new stirring inside him. He put it to me this way: "Enrique, I feel like everything that I have been fighting for all my life has lost its meaning... I saw myself so very close to dying that now I really need to think about what I am here for. I have decided to seek out the essence of every moment, to experience it, and to see everything as a gift. My life is too short. And now that I am losing all my securities, I have come to see that what is really important to me is my love for God, my wife, and my son!"

After that conversation, I watched my brother even more closely, noticing how he enjoyed every hike. He seemed to converse with every lake... every river... as if they were a part of him. He had truly entered the forest. A whole new reality was being formed before his very eyes. Here he was with substantially less security in his life, yet he had greater peace than ever before. He looked like he was responding to a whole new call from within.

Those moments of our simple conversations around the fire, and our hikes to the mountains, I will never forget. They brought back the great friend who is my brother.

Our trip actually proceeded with no bad surprises, and before we crossed the border back into Mexico, we still had some money left, so we decided to spend it in a restaurant! We will always treasure our trip as the time that we ventured into what is natural. The time we heard the inner calling of the forest and the mountains, and could not quiet it down. The call is always there, luring us. We will listen to its voice whenever we enter into our own hearts.

Enrique and Ignacio.

AWARENESS: FACE TO FACE WITH REALITY

When the Eternal Wisdom of God created us, it made us to be people in constant change. Such is our reality, and such is the dynamism of our life. We are always changing whether we like it or not. This dynamism of change is present in our lives to allow us to become 'mature' people. I see 'maturity' as the moment that each of us is able to identify this 'world' as part of our own 'Self' — the moment when all that I am and all that is around me find harmony. In order to accomplish such maturity, such harmony, we need to experience change and growth in our lives.

There is a lot of popular wisdom to be heard in some of the frequent and common expressions of people today: *"When I thought I had all the answers, all the questions were changed!"* or *"When I finally got what I wanted, it lost its meaning!"* or *"I thought this would make me happy, but now I need much more!"* All of these expressions point to our emptiness, to our eternal thirst for fulfillment. What all these expressions are really saying is that "Our souls will be restless, until we rest in God." (San Augustin). These popular expressions reflect our natural limitations as human beings. They are a reminder that we will be in constant change until we meet our Creator.

As difficult as changes may be, they transport us to new stages of our lives. And going to these new stages is always better. That is why, to aspire to grow is to be ready to change. There are two parts to change: (a) what I am no more, and (b) what I am becoming.

As we live out our daily routines, we wish that these two aspects of change could become immediately clearer to us, so that change would be more understandable; this would surely make change much easier. But it is not like this. Rather, the process of changing and growing is often a long and painful road. Perhaps, if we look briefly at some of the dynamics of the change process, it will at least help us to see and appreciate the value of change. And the 'goodness' inherent in such change.

What I am no more: This type of change implies a confrontation with reality, or what I call 'awareness'. When I become aware of the world around me, I am already into the effects of change. I start to come outside myself, giving my attention to a reality that is different from my own; it is this reality that reflects the limits of the inner world in which I was living.

Example: We have all heard about the poor, and I am sure we all agree to help the poor. But the effect on us, when we go down to the world of the poor, and see them face-to-face is very different. When we take this step, the word 'poor' acquires a very real face; it becomes a person we know by name, a person whose story we now know. Our own personal reality has now been questioned because of this encounter.

This new awareness of the world around me invites me to enter into new levels of my own self-knowledge, and, like a mirror, it enlarges my own identity. Each time I am willing to risk entering deep inside myself, willing to open myself to the reality around me, willing to face situations that are not easy to face — I am actually accepting the opportunity to grow.

What I am becoming: Every new moment of awareness confronts me with a new reality. It's like this awareness opens a door that was closed. When I open it, I face a new place that demands of me a whole new array of expressions and possibilities. For sure, each new situation will ask of me new attitudes, new ways of being, of feeling. It is here where transformation happens.

Example: We all experience the change from childhood to adolescence. Externally, this change invites new clothing, new ways of relating with friends, a whole new way of relating with parents, physical changes, etc. The entire person becomes transformed externally. Similarly, there are inner changes that occur as well: we no longer are such followers of what other people are doing; we affirm our own differences; we learn to say no to those things that damage and destroy us; we dare to remain strong in our own thoughts, even at the risk of losing popularity. Indeed, we sense that we are facing a new reality of our Self, one that makes us feel fulfilled.

To summarize, opening the eyes of the heart to a new reality, and becoming aware, is truly an invitation to enter the unknown. Likewise, to mature is to learn to walk where there is no path! It is about learning to walk in faith. This kind of walk into the unknown is not comfortable for many people, who choose, therefore, to put on blinders; they would rather walk through life choosing not to *acknowledge* the unknown than to *face* it. If they take away the blinders, they will be thrown into a whole new journey of unknown paths, paths they believe they do not want to travel because the unknown frightens them. Indeed, if it were left up to us alone, we might never choose such unknown paths! We would never, therefore, change or grow...

God, in his Eternal Wisdom, is aware of this resistance we have to change, our fear of the unknown. Consequently, He saw fit to leave a 'script' within our physical being and within our psychological and spiritual being — a script that lays out the different stages we must overcome to achieve growth and fulfillment. Thanks to this 'script', even if we choose to live with blinders on, we will be automatically confronted with moments of inspiration and opportunities for growth, moments when our eyes will simply have to be open, however briefly, to new realities, new possibilities. Yes, right when we are thinking that our cage is so pretty, so comfortable, and clearly the best way to live.... either gradually, or suddenly, we will be confronted with the possibility of the forest. A forest that offers a *better* way to live...

OPENNESS AND CHALLENGE

Once we have had an awareness experience, it is like the beginning of a storm, a storm that comes to destroy everything existing inside us. Such an awareness experience occurred to a friend of mine, named John.

John had heard that I planned to take a group of people from Rochester, NY to live, on retreat, with the poor people in the surrounding areas of Tuxtla Gutierrez, in Chiapas, Mexico. Just hearing this announcement aroused him to enter into his own emptiness. Something new and appealing surfaced in this invitation to go and live with the poor, causing John to go deep inside himself and acknowledge his own reality — that he was feeling very empty. Something inside him needed more fulfillment. The eyes of John's heart were "looking at the forest"...

So John joined the group and we headed off to Mexico to live this new experience: ten days with the poor. Even when we opt to choose new experiences, we usually want to control those experiences, we want to know what to expect. Knowing this, I asked everyone in the group to please release any and all expectations. To be open to the experience and just let it unfold in their presence. John resisted this request; he could not understand how we could not anticipate, not have expectations, not prepare for those expectations. Such a request seemed impossible in his eyes. I said to John and the others, " In as much as we create expectations, we create our own frustrations". If we draw the path ahead of time, if we imagine it a particular way, then as soon as the actual path becomes different from our imaginings, we can only have 'failed' expectations. By focusing on our original expectations, and how they are not met, we create frustrations. Plus we miss being fully present to the new reality, the new happenings! John continued to resist the idea of just being open to the possibilities. He needed to 'expect' something. But the invitation was clear: "Only when we are 'open' can we receive an experience as it really is".

Together we all experienced this retreat with the poor. And John took seriously his time with the people of Mexico. I saw him record every image, not only with his camera, but with his heart. In times of reflection, he was very busy making notes in his diary, recording the impact he was feeling. He absorbed the experience by allowing every person and place to speak to his inner self. And what they spoke made John feel that something was calling him to be different.

Upon returning from the retreat, conversations with John revealed that he was feeling great emptiness about what he was doing in Rochester, in contrast to the great inner richness he had just experienced in Mexico. His inner 'storm' continued its path, destroying one-by-one all the things he was presently doing with his life. After a short period of time, John came to me and told me he was going to leave his job at Kodak, forfeit his salary and other securities, and look for a simpler life — a life that would give priority to important values he held in his heart.

Several months passed and John's search for other options became a challenge. He had experienced an inner call to change, to grow. He had acknowledged the calling, and had taken on the exploration of new possibilities. He would not rest till he achieved his goal. But what was the goal? He himself was uncertain. He had no such clarity. Yet the experience he had reached for made him continue to search, made him eager for a specific challenge.

As I write these lines, I am thinking of my friend John, who has been living for many months now with the poor in Chiapas. He moved to Mexico and set up living quarters amongst the poor, to be with them day-to-day. He is in a journey that continues to unfold, a journey that is unique to him, as he searches for meaning in his life. I can truly say that his life is in the process of transformation.

To be open to an experience is to let go of our securities, to drop the walls we have built, the opinions we have known, the expectations we tend to create — in order to be moved by the reality itself. When this happens, when we are open in this way, we are positioned before the possibility of miracles. The greatest

John Solberg in Chiapas.

joys we can experience are those which arise from the moments when we remain open — open to *fully live the reality that comes to us*. Such moments of openness are real challenges in our lives. They pose questions that never leave us, till finally we are forced into change.

It is common knowledge that, when we become hurt in a negative situation, it becomes harder for us to be open again to another new experience. And this is why we gradually lose our ability to live out real experiences; we sacrifice the possibility of experiencing joy. We decide that it is better to 'protect' ourselves, after going through a critical experience. Consequently, as we walk through life and see the great sadness in so many people, we sense that the doors that lead to new, fresh experiences have been closed.

The fact is: the only thing to heal a broken heart, that has loved a lot, is to love much more! Yet in order to do this, we need to accept the possibility of being hurt again. This is the plain truth. Only by daring to try again, to love again, can we heal our hearts. And only by daring to be open to possibilities, rather than expectations, can we discover more opportunities for trying again. When a young lady paints in her mind the image of the perfect man she seeks, anyone she meets will be far away from the ideal she has created, and will be rejected. She will be alone. To be open to 'the experience', to the people we meet, is to become vulnerable, to be ready to become transformed.

I dare say, many of the experiences that have transformed our lives are those in which we have had very little control, or none at all! The experiences came, we allowed ourselves to live out the moments thrust upon us, and were left with new challenges, deep inside, after the storm subsided. These new challenges make up the new reality inside us now and *confronting* those challenges transforms us, makes us grow to a new stage of our life.

Our spiritual journeys and our own 'personality' journeys are invitations to be constantly open to new experiences. These experiences will lead us through paths we do not know. Spiritual direction along these unknown paths will be provided by God. He is eager to lead us. To accept His guidance is to trust that everything is well, even though we cannot see the way.

Our task? To challenge ourselves to *live a new experience*, to be open to all the joys it will bring. Our transformation is the work of God Himself; *our* task is simply to be open to His actions...

STRUGGLE

A priest who was also my professor once said to me, "If you truly want to grow in following the Lord, you need to learn to live in the struggle. Following the Lord Jesus will constantly put you in a position of detachment from your achievements and lead you to find your freedom.".

To grow is to enter into the struggle. It is in this place of constant confrontation that we will experience changes, changes that are signs of our growth. In our spiritual journeys, we speak of a constant conversion; this is nothing more than walking where there is no path. It is about allowing reality to speak right into our hearts, to change us. It is no different from the sowing of seeds: one needs to break open the ground in order to prepare it and enrich it, to allow it to become fertile. Likewise, in the often hard-packed ground of our lives, we need to be broken open. This is the only way to prepare ourselves for fertile experiences that will bear sweet fruit. This breaking open, this preparing the soil, is called 'the struggle'.

Change is not at all easy. In fact, that is why Jesus spoke these words: *"I have come to bring fire upon the earth, and how I wish it were already kindled; but I have a baptism to undergo, and what anguish I feel until it is over! Do you think that I have come to give peace on earth? No, I tell you, but rather, division."* (Lk 12, 49-51)

The essence of Christ's message is more understandable to us when we are before situations of injustice. The reality of the injustice first impacts us by making us aware. Then, the more 'open' we remain to seeing and feeling the situation, the more compelled we feel to bring transformation to it. Eventually we cannot resist joining in the struggle. Trying to create change in a society where injustices are occurring, involves destabilizing the ones who hold the power for change, in order to bring new opportunities to the larger masses of people. This cannot be done without organizing and empowering the people, so that their voices can be heard.

Each of us who has been involved in issues of justice for the people knows that these changes do not come about without a great deal of struggle against the power structures. The first to oppose any change, of course, are the very ones who benefit most by maintaining the structures just the way they are! For the most part, these are the political, economic, and religious powers. And this is not new at all. Throughout history, we have seen alliances formed by these three power groups in order to control societies. So often, the only way that change has occurred has been through the organization of the people at the base, and through very difficult struggles.

We, at the base of society, or at the base of any of its particular structures, usually exclaim that change never happens 'from the top down'; the essence of power is positioned at the top of the structure and the ones there do not have any interest in changing. They enjoy the privileges of maintaining the power. Consequently, change usually occurs 'from the bottom up'. The bottom may not be where power resides, but it is where energy resides. Energy for change. And so it is that, wherever we find great resistance to change that would benefit many, we also find privileges that benefit just a few. These privileges have many faces within the political, economic, and religious spheres — as do the struggles among those at the bottom of the structure.

Jesus, the very human presence of God among us, was, Himself, "a man in a struggle". While trying to bring a message of love and liberation, He was rejected by the religious institution of his time. He was accused by the powers of that day of blasphemy because He claimed to be the Son of God. Many of the people chose to follow Him, however, creating extreme anxiety for the power structure. In this threatened state, the power structure accused Jesus of being subversive to Caesar; clearly the liberation message of love was capable of destabilizing even the powers at the top.

Our 'societies' are mirrors of the people within them. So when the people become aware of greater values, greater opportunities which they believe everyone deserves to share in, there develops the challenge for social change. Societies and institutions facing struggle are those who are resisting change. We would not have today the recognition of the equality and dignity of our African American community if it were not for those who raised their voices to protest the *lack* of it — and decided to enter into the struggle to force change. We would not have the armed struggle in Chiapas, Mexico, if it were not for the greater awareness, created in the indigenous communities, that they *deserve* to be treated with dignity; now, after so many years of being subdued, they cry out by risking their lives. Likewise, we could not have so many loud voices fighting for the equality of women, worldwide, if it were not for those who are willing to make us aware of the *discrimination* to which they continue to be subjected. All these changes can only be achieved when people become aware — and make a conscious decision to join in the struggle for transformation.

The 'people in power' control the information. They achieve control by being selective: they choose only the few privileged people to be educated, made aware. Controlling or preventing the education of newcomers helps to preserve the values established by that institution. And when this occurs it means that there is a set ideology at play, aiming to maintain control. All institutions claim, to some degree, that this is their job, this is what they are here for. It is, in fact, via these objectives that institutions *justify* their behaviors — even when those behaviors are less than humane.

Creating awareness is the act of sharing the information and making it accessible to all. This action also represents the beginning of the 'struggle', because as soon as information is shared, there is an awakening among the people. They start to speak. And they start to be heard. When we have an ideology that is concerned about liberation, it automatically is inclusive. We speak of *all* rights for *all* people.

This same reality that we see in our societal structures also occurs within our family and personal structures. If a family has a huge dysfunction in terms of communication, then creating a change, a transformation, will bring a great deal of struggle. To create new communication avenues requires the breaking of old ones, the shunning of old styles of interaction that block relationships. In the family, just as in the larger structure of society, there are people who stand to benefit by a lack of communication; therefore, they will, by all means, try to resist change.

Likewise for the structure of the individual personality: to change something in our personality means that we have to leave behind an old way of being. Doing this cannot occur without a feeling of being 'destabilized'. It causes a great deal of insecurity. So we think, "I'll feel much better off without change, without a new way of living!" This simply means that we have created a comfort zone, a way of being that we are now familiar with, that has no surprises to trip us up. Like the bird in the cage, we are 'comfortable' with our behaviors and the customs we follow; we say we want them to stay the same. And so it seems that, even for an individual, change — which is necessary for growth and fulfillment — can only come by participating in an inner struggle.

In the two previous stories, about my brother, Ignacio, and my friend, John, I watched the incredibly deep struggle they underwent in order to grow in their lives. While 'circumstances' created the opportunity for change in their lives, each of them has been willing to respond openly to those circumstances in a way that will allow for even more growth. A close brush with death, financial disasters, a *desperately empty* feeling inside — all of these things can serve as opportunities to step forward to a new stage in one's life. How we respond will depend on who we are at that time — and how ready we are to venture 'into the forest'.

To join in the struggle is to be 'looking at the forest', to consider the possibility of flying; indeed, to prepare to fly. To join in the struggle is to choose to live and to love, with no limits...

INTEGRATION ~ TRANSFORMATION

This total process of 'awareness of reality', willingness to be open to the experience, facing the challenge of the new reality, and choosing to join in the struggle — cannot occur without a 'motivation'.

We do not look at the forest, indeed we have no reason to, if we have not seen something really attractive in it. The forest speaks of an ideal, something very natural and very essential to our own person. In our opening story, the bird in the cage looks at the forest and sees that the rest of the birds can fly. He sees them as free to float over the tops of trees. When he realizes that he, also a bird, cannot do this in his cage, he is confronted by a whole new desire, one that actually arises from his inner core. The forest is simply the framework for that message.

The same applies for our own personal journeys in life. Moments of sudden clarity occur where we perceive that there is something beyond the daily routine of our lives, that there is an option to be freer than we are. Free to fly. Free to love. For the bird in the cage, the forest represented his inherent ability to fly. For us, the forest represents our vast ability to love. Likewise, this ability to love, openly and freely, is limited by our own cages: cages in our personal lives, cages in our social lives, cages in our life style, cages in our institutions.

To look at the forest, for us, is to find an ideal — a model that speaks of what we can become if we are willing to struggle, to continue growing, to find real fulfillment. In my own personal story, this model is Jesus, our Lord.

Jesus became the center of my life only after I learned about His personal attitudes toward the people. He was so simple. So human. Someone so near, with a great ability to be merciful. Little by little, his loving image took root in my heart; I knew I wanted to be like him. Prior to knowing Jesus this way, it was a struggle for me trying to know Him; when only his 'divine' gifts were praised and exalted, He seemed much farther away, too far for me to reach. By focusing on His attitudes as a Man, a 'human being', even though I never stopped seeing Him as God, it helped me to feel his nearness. This nearness has reinforced for me that it is the personality of Jesus that represents the ideal that I want to follow, in order to become whole, to find fulfillment. When I see Jesus, I see who it is that I want to become — "a man free to love".

The *humanistic* school of psychology stresses that all human beings have to engage in a process to become the real persons that we are. All of our capabilities are right there, with us, but we need to call them up and put them into action. (Ref: Carl Rogers). In the *spiritual* realm, we stress that we ought to put into action those things that will help us to become Christ-like. So psychology and spirituality can walk in the same direction. Again, I personally believe that the process to become a complete, whole human being lies in the essence of Jesus Christ.

When I approach the person of Jesus and examine his behaviors and attitudes toward both Himself and others, I am before the perfect human being. A model worthy of our following. He reveals, in his humanity, the gift that all of us too received as human beings. When I look at the excellence of His feelings, words, and actions, I am able to see the most noble side of my own human 'being'. So Jesus is like a mirror to me, always reflecting the real person that is also *my* vocation in life. All the tools are available in *my own* humanness; the real person just needs to be built! Truly, to learn about our own personal freedom we do not have a better model than Jesus Christ — the Man Free to Love! His love is liberating. And it will teach us also how to commit ourselves to the liberation of *all peoples*, even as we experience it for ourselves.

The personal freedom of Jesus to love came from the sureness He had of Himself. He knew who He was; He knew his 'Self'; He knew what He came to earth for. All His actions had, as a starting point, His own self-definition. He knew, when He came to our world that He came to love, and so He always modeled Himself to reflect His loving attitude. That is also why he commanded us, "Love one another just as I have loved you". (Jn 13, 34).

Jesus is indeed a model of excellence when it comes to loving, or showing mercy, or demonstrating unconditional love. It is interesting that He seemed to exhibit these qualities even more strongly toward public sinners, toward all those marginalized by society, toward all aspects of the 'lower class'. (Mk 1, 14-20). His love for them was so unconditional. Even with the adulterous woman, Jesus showed great love and kindness, not *approving* of her behavior but *not condemning* her by accusing or mocking her. He was able to love her without any conditions! It was through this kind of willingness to love that Jesus opened the doors for change and for personal integration. (Jn 8, 1-11).

The height of Jesus' freedom to love is demonstrated by His choosing, as His entire goal, "the good of all creation" — and everyone in particular! He never focused on his own self-centered interests. When He was in the company of others, He appealed to the real person inside each of them, encouraging each to love, wanting to free each from evil, from a life without love. He did not concentrate only on physical cures, even though these guaranteed Him great attention; rather, he paid great attention to each person as a whole. He cared about hunger, injustice, hatred, and violence. He was concerned about the *root* of every evil, something we call 'sin', because such sin would prevent the people He loved from having a life of freedom — a life of love and fulfillment. (Lk 10, 25-37)

I see Jesus as a man "free to love" — open and willing enough to show Himself as He really was. For example, He forgave Peter, even though Peter had betrayed Him (Mt 26, 31-35). He even forgave those who crucified Him! (Lk 23, 34). Likewise, He was not afraid to show His full emotion or to have the courage to expose injustice as He booted the sellers from the temple (Mk 11, 15-19) and sat at the Pharisees' table with the doctors of law. He dared to call the latter hypocrites, for emphasizing only the external regulations and for not examining the need to clean their own hearts (Lk 11, 37-39). Jesus knew that the true essence of the law was to "provide justice, to love one's neighbor, and to be loyal" (Dt 10, 12-13), and He was willing to challenge them on their superficial interpretations of the law. He felt free to move beyond the regulations of the Sabbath when He performed miracles and cures on the Sabbath, because He said that He was giving fulfillment to the true essence of the Law (Mk 2, 27-28).

I see Jesus as a fully integrated person, "free to love" — spontaneously approaching and interacting with women, who were considered second-class people during his day. He spoke directly to the heart of the woman at the well (Jn, 1-45). He allowed another woman to come close to Him and even kiss Him, even though she was regarded as a public sinner. He knew the rules and the customs of the day, but He remained firm and confident about sharing and expressing His love (Lk 7, 36-50).

I see Jesus as a man "free to love" — able to be in tune with His feelings and to express them in a free-flowing, natural manner. Jesus experienced great emotion. He praised his Father often for revealing His love to the poor, even as it remained unseen by the learned and wise (Lk 10, 21-22). Jesus also experienced great tenderness, saying, "Let the children come to me; don't stop them! For the kingdom of God belongs to such as these". (Mk 10, 13-16). Jesus also knew sadness, and showed it, crying for His friend, Lazarus (Jn 11, 35). Jesus also experienced the humanness of needing friends, of needing rest from the trials of life. He chose to spend time with His friends at Bethany, enjoying the company of Mary, Martha, and Lazarus (Lk 10, 38-41; Jn 12, 1-11). Jesus was also no stranger to indignation and anger. In such a state, He dared to speak the truth to a guard of the temple and received an abrupt blow to the face (Jn 18, 19-23). Likewise, Jesus felt the angst of human anxiety as he prayed in the garden, before being turned in to the authorities (Lk 22, 41-41).

I see Jesus as a man "free to love" — remaining true to Himself even before the civil authorities. Jesus simply remained silent in the face of Pilate, who unjustly exercised power over Him (Jn 19, 10). Jesus did not seek power; He did not try to access the power available to Him in order to match power with power. Indeed, when the people wanted to crown Him as king, He just walked away (Jn 6, 14). Jesus also showed His freedom to love when he was faced with the religious authorities of the time; He dared to scorn them for wanting to assume places of honor for themselves, and for going after the goods of the poor widows (Mk 12, 38-40).

I also see Jesus as coming to the fulfillment of His life when He faced His own death. Not even the power of death could take away His freedom: " There is no greater love than this, than to give one's life for one's friends." (Jn 15, 13). Jesus remained firm in who He was, before all types of accusations, challenges, and fears, after proclaiming His message of unconditional love. In the end, it was for this very message and for His willingness to live it out, that Jesus was put to death.

And so it is, that I have no doubt about seeing Jesus as the model of excellence for the 'human person'. He has demonstrated our most noble vocation, our most admirable calling to be human. As men and women, we can both see ourselves in this model. All the attitudes incarnated in his particular masculinity are, in fact, the example and the price of what *all* human beings are called to be. Right now, as we live out our own lives. His actions show us a fully 'integrated' person, someone who acted according to what he knew, felt, and thought. His actions were congruent with the rest of Him. There was no separation between what He said and what He did. He expressed Himself, His emotions and feelings, with authenticity and with realism, at all times. He did not neglect His own feelings, anymore than those of others; nor did He devalue them.

In the most critical moments of Jesus' life, fear could very easily have taken over. He did indeed experience fear the same way we all do. Yet He faced down the fear, remained focused on the truth of His own message of unconditional love, and chose to act with courage, to live out the reality of this message. And when death drew near, He had the confidence to be in the hands of the Father, the One who could remove the power of human death.

Absolutely, and with good reason, Jesus Christ is my motivation! Because of who He is, and how He lived his reality, I have chosen Him as Lord of my life. He calls me and lures me through different trials and challenges, just as He Himself had to do. I know He has already been on this path; so it feels good to follow Him. I will try to resemble Him. I realize that only in Him can I really become "free to love".

The Bird in the Forest

Go!

Call together the elders of Israel and say to them, "Yahweh, the God of our ancestors, the God of Abraham, the God of Isaac and the God of Jacob, appeared to me and said:

'I have seen and taken account of how the Egyptians have treated you, and I mean to bring you out of all this oppression in Egypt, to take you to the land of the Canaanites, a land flowing with milk and honey.'"

(Ex 3, 16-17)

Chapter 3

The Bird in the Forest

INTRODUCTION

It is always wonderful to think that, even in our worst moments of slavery, within the cages of our own imprisonment, there is someone who will come into our path and be a messenger of our freedom.

Very often it is insufficient just to have a desire for freedom. We need that extra push in order to make the decision to become liberated. I believe that the people who appear in our lives to remind us of what is *essential*, to remind us of the whole reason for our existence, are the prophets of our times. They are the best friends on our life's journey, and even though we walk the path together, they might not always be with us.

This chapter is dedicated to all those whose very lives have served as an example to us, to all those who have been willing to take risks, to all those who uttered encouraging words to us as we lingered, imprisoned in our cages. This is for all those who have called us to be free.

Many of these people are often very well known, recognized by the actions they carried out in order to bring change to their particular historical situations. Acknowledging these celebrated individuals helps us to recognize other 'ordinary' persons, people who also bring clarity to our common calling to love. Loving is a call that we all have received; it cannot be hidden under a table or anywhere else. Many of these 'prophets' we encounter are our heart's best friends; they *remind* us of how we have been made to love. Many other prophets do not enter our lives by the road of friendship; they are simply 'road companions' who help us to seek the freedom we all need. And their particular examples make us restless.

These people we meet are very ordinary. They, like we, are full of imperfections, since they too are walking toward their own integration. They are people like you and me, people, who in their own time, move beyond their limitations, take risks to live out the struggle, dare to bring change. They set memorable examples for us. They are not holy. But some of their actions are true examples of holiness.

The actions of these people pose a question for each one of us: *"What are you doing in that cage! You have everything around you for comfort, yet you cannot fly! Look at your wings! You have been made to fly!"*

How many of us have come to the realization that we are gathering unlimited amounts of material things, yet our hearts are filled with emptiness? Why is this so? Many times it is caused by our lack of 'openness' to our external would, that would call us to change. For example, suddenly there is someone directly in front of us, who speaks to us in very straight fashion, saying, "None of these things in your life will bring you happiness; they will not bring you a feeling of fulfillment! Only if you have the freedom to express love can you find such happiness!" This may be enough to awaken us, to make us start to see things differently. It may clear our vision to travel the only road where we cannot say 'no'.

There is no cage, no matter how beautiful, that can restrain us from fulfilling our vocation to love. It is a call that comes from deep inside us all: *"You have been made to love!"*

A STORY

One of the most meaningful changes of my life happened after four years of being a priest. I had been working in Tabasco, one of the most southern (and hottest!) states of Mexico, by the coast. Up till that time, my experience as a priest had been very rich, with each year full of changes. I was, however, starting to feel the need for something very different.

Quite unexpectedly, at a meeting with all the priests of the Diocese, I encountered a lay missionary group and one priest, from Rochester, NY. They were working in a distant mission, up in the mountains, near the border of Chiapas, quite distant from the parish where I was located. I began thinking to myself, " This is a good opportunity for me to practice my English, with these people!" And so I did. Soon I became aware that these lay missionaries were truly not prepared for the type of work the people would demand of them in that small mission. So I decided to travel several times a year to their mission, to assist them with their work. During each trip, I spent several days with them; and I became the 'punching bag' for them, as all the tensions they were experiencing were expressed. It wasn't long before one of the women on the team decided to return to Rochester. Then the priest of the team, who had to walk long distances to reach all the churches, found himself with increasing pain in his legs, and he too returned to Rochester. The two remaining people on the team were left to try to hold the mission for several months; the Diocese of Rochester decided to send temporary replacement priests, until they could find a permanent one.

One day, when I traveled back to this mission of Rochestarians, I suddenly found a new priest there. Valery, a lay member of the team, introduced us: "Enrique, may I introduce you to a troublemaker priest from Rochester, Jim Callan; Jim, may I introduce you to a troublemaker priest from Mexico, Enrique Cadena..."

My personal story was about to be become newly drawn from that moment of introduction. This meeting placed in my path one of the key persons who would influence me in the process of discerning 'what is essential'. We had not known each other for one hour before this Jim Callan invited me to come to Rochester. When I had shared with him that I was seeking to pursue my education, to get my Masters degree, Jim simply said, "Come to Rochester! Check things out and see if you can find what it is you want to study, Enrique; you can help me out with the Hispanic community in our Corpus Christi parish while you study." Since I was seeking change in my life, I decided to accept the invitation.

Five months later, there I was, seated in front of all the staff of Corpus Christi Church in Rochester, where Jim had been working as a priest for several years. It was a job interview. I shared with them my views on the priesthood and the way I was living it; they offered me the opportunity to work in their parish, which I gladly accepted. Simultaneously, I studied for my Masters at St. Bernard's Institute. The adventure began!

JIM CALLAN...
During those earliest days at Corpus Christi, I noticed that Jim had the gift of being able to bring out the very best from people, simply by *allowing people to express themselves*. That, in fact, is what he also did with me, making it possible for me to express my dream, one which I had carried for a while. Something in Jim himself, plus his way of communicating with me, made me recognize the needs that I had. And he called up those needs just by allowing them to happen, by encouraging them to be expressed.

I was ready to make arrangements to pursue my dream in Rochester. But, just as for many others, nothing has tended to come totally 'easy' for me, in my life. Accordingly, I found opposition from the superiors of my religious order in Mexico, who did not grant me the permission to officially transfer to Rochester. They asked me to wait a year. Jim's encouragement gave me hope, however. But after a year, my superiors were still saying no; so I challenged them, saying that it was very clear to me that I had to be in Rochester. I knew that opportunities such as this one were not bountiful, that, in the context of my particular life, this would likely not be repeated.

It was July 1986, when I finally arrived in Rochester, New York. I worked in the Parish of Corpus Christi and I studied for my Masters.

Since that time, I have come to see in Jim Callan, *'the friend on the road'*. We live in the same home, where we pray together every morning and share stories to help us in the daily preparation of our homilies. We have freely shared different moments of crisis in our lives, both positive and painful. We have shared tears during the painful moments of losing family members. But most of all, we have shared with each other the reminder of our human vocation — that 'we were made to love'! Our times of prayer, and reflection on the Scriptures, have been a constant invitation for both of us to keep loving our people, to open our hearts to love them *all*, to accept them all with *no* exclusions!

Constantly I also learn from Jim to put *all* our trust in the Lord. In fact, so trusting is Jim, that he goes about doing things as if nothing ever worries him! He truly depends only on God. He has very often reminded me, as well, that we must work for the poor; that we must open up ministries to help them, and not worry about the cost to do so; that the money to sustain these ministries will come later — that we can *trust* in this fact! And this truth has indeed been born out over the years. The money has always come to cover the costs, whenever we have dared to reach out to the poor and trust that God would provide.

Frequently, Jim has also reminded me that, by being near to the people, to their problems and needs, we will find the guidance of the Holy Spirit; and this Spirit will open up new ways for us to bring about the Kingdom of God for the people. This too has proven true; indeed, by listening carefully to the people, Jim and I have had our own ideas changed many times! It has been *the people* who have demanded that we walk with them!

It has also been Jim Callan's personal example that most reminds me of that simple truth of the Gospel: *"The ones who share will never be left without reward."* Jim is so very generous, and he invites every individual in the parish to be generous; this has been a tremendous testimony in favor of the poor.

I cannot know what will happen with either of our lives, whether Jim and I will continue together or not, but I do know this: Jim Callan will always remain as the friend who reminded me, "We've been made to *love!*"

MARY RAMERMAN ...
There was another person at Corpus Christi who began to influence my life in a very special way, opening my eyes to yet another new reality. This person was Mary Ramerman.

When I arrived in Rochester, Mary was already part of the pastoral staff. I was immediately impressed that a young woman had a theological education and calling so similar to the one I had, as a priest. Her presence made me aware of the amazing lack of 'feminine' integration that existed within the official clerical structure — a structure designed among men and for men. At the seminary, the presence of the Feminine is surrounded by fear. And so it was through Mary that I began to perceive the "goodness" of the Feminine, even as it is called forth to share in the privilege of "priestly leadership". Gradually I even began to dream of the day when I would see women ordained as priests. Women like Mary Ramerman would surely enhance the priesthood greatly!

A particular circumstance reinforced this recognition for me: Many times, as I struggled to deliver my homilies in English, I noticed the extra attention exerted by the people in the parish to try to understand me, because of my accent! They had to struggle to put up with me since I was the one who had received ordination and I was the one who would be expected to deliver many homilies! On the other hand, whenever Mary spoke, she was so very capable of lifting the spirits of all of us. That is when it became more obvious to me than ever before — the particular discrimination within the Roman Catholic Church of not allowing women to enter the priesthood.

Since becoming a priest, I had worked in the development of lay leadership, for I have always believed that the very life of the Church could not depend only on ordained ministers — especially since the quantity of ordained ministers diminishes day by day! Likewise, I had noticed over the years how the response of women to religious values is so very *natural*! This fact alone had long since made me a promoter of women in the life of the Church; because of this, I had previously brought women into positions of directing base communities in Mexico; I had also appointed women to do the Sunday liturgies in the rural areas where I worked. But it was not until I met Mary Ramerman that I discovered, with vivid clarity, the urgent need to recognize the call and the right for women to be priests.

Mary also helped me to see some of my once nasty behaviors, as a priest, toward women. I had come from a culture in which, for many years, women were regarded as "in the service of men". And in my case, as a priest, even more 'serving' women surrounded me, further emphasizing the image that the priest was above everyone; certainly above women. During my previous pastoral work, I had been part of a culture of priests who granted to women only a few parts of the work, thus insuring that we would continue to have control. Quite frankly, it had been like this for such a long time, that even the women, for the most part, were content with this arrangement! They were happy to be doing only what the priest allowed them to do. Most of the women saw themselves only as servants to the priests.

On the other hand, I also felt that many women opened up to me only because they saw me as safe, not because they saw me as someone with equal human needs and feelings. This awareness made me feel that they perceived me as some kind of an image, instead of a real person, and this did not feel good. Mary helped me to see that it was many of my own behaviors that *caused* such feelings of inequality, and she confronted me about seeing *her* as an equal partner in ministry.

Mary is a member of my personal small 'base community', someone with whom I share openly my life and any of its crises. I have experienced her listening skills, I have been nourished by her feedback. She has truly opened new horizons in my ability to relate to women, an opportunity I had not rationally visited before!

I see in Mary Ramerman a strong woman who has identified her mission, someone who is willing to experience the consequences of following her call. Mary is "a prophet of our times". Her influence has enhanced the respect and great admiration that I and many others have for women. She inspires me to continue dreaming about, and working towards, the priestly ministry of women. Through Mary's presence in my life, I have been invited once again to see that *"We have indeed been made to love!"*

Jim, Mary and Enrique.

THE 'OTHER' ~ IN THE PROCESS OF LIBERATION

Personal freedom is not achievable only through our own personal work. We will miss out on the experience of freedom, of liberation, if we remain within the boundaries of our Self.

We often build our own prisons unconsciously. So familiar do our behaviors become that we often lose sight of the very place we find ourselves — in a cage! As with the two birds, we need to have the experience of the 'other' in order to see a reflection of ourselves, to see our own true calling.

One day, in a retreat, I dared to ask this question: *"Are you free?"* Most of the people answered immediately, without any hesitation, saying, *"Of course, I'm free!"* Nevertheless, as I looked firmly into their eyes, I could sense that they had to really think about it. It is not until somebody or something outside of us comes to pose this question, that we truly begin a process of reflection, that we consider challenging the 'reality' in which we presently exist. If these people or events did not confront us, we would most certainly continue to wander along in our own oppressions.

The 'other' of our lives helps us to find our *authentic* 'self'. Once we are confronted by the 'other', we have to leave our comfort zone; we have to move from freedom as just an idea to freedom as a real possibility! In the coming out of my 'self', toward the liberation of 'others', I experience my own liberation. It is here that we might find ourselves working for justice, engaged in actions to create a more humane world — and it is here that we will experience our reality as 'freedom to love'. It is evident that our *freedom* is enhanced every time we experience our ability to love. We are free in proportion to the measure of our love and in the moments we share it! So it seems impossible to learn about freedom without the presence of the 'other'.

It is through the interaction with the 'others' of our lives that the building of our 'self' image is accomplished. From childhood, our 'self' image is nourished by the first 'other' that visits us. In most cases, it is our 'mother', who takes care of us. In this case, the 'other' in our early life shelters us. After three months, we start to respond with a smile to the tender presence of our mother. And by eight months, we feel very secure as we recognize her face.

With the passing of time, we come to see ourselves by means of other 'others'. We see ourselves through their eyes. We frequently recognize ourselves via their affirmations and start to feel autonomous and unique — 'self' differentiated. In fact, without the presence and 'collaboration' of these 'others', we could not get to know our 'selves' very deeply at all, we could not accept who we are, we could not express the very unique parts of our 'selves'.

Consequently, we can easily say that an unsurpassable unity exists between the self and the other, for without the 'other', it is impossible to be born, to grow up, to learn, to mature, and, importantly, to exercise freedom. We only become freer thanks to the presence of the 'other'! Without the 'other', liberation cannot occur and has no meaning!

In our teenage years, we experience the 'other' in a new way: we see ourselves changing and feeling quite differently. The power of sexual attraction becomes a clear sign of the need and desire we have for 'others'.

Later, as we enter adulthood, we human beings see that loneliness, in the form of isolation, becomes one of the greatest punishments we can experience. And so this too, our basic need of relationship and communion, causes us to seek out 'others'. It is in the loving presence of the 'other' that the self gets liberated of the oppression of loneliness. Such oppressive loneliness is a form of slavery, a sign of selfishness and lack of love.

The meaningful encounters with 'others' in our lives represent the beginning of change and self-definition. It is in this sense that I describe such encounters with an 'other' as the road to freedom. When we pay attention to our own stories, it is easy to see that we have tended to walk along well-protected paths, paths where we do not expose ourselves. Without much thought, we allow this protection, in its various forms, to grow. And so we do indeed feel very protected — but extremely unfulfilled! Thank goodness for those who dare to come closer to our hearts, despite the walls of protection, calling us out of ourselves! Calling us to experience new life and growth! Those meaningful people of our lives are 'agents of change', very vital to our process of liberation and fulfillment!

Every person, who enters our life as a meaningful 'other', opens us up to the mystery of his or her being. When we are before a person who dares to share his/her very best, then we are before this person's transcendence — and ours as well. We simply do not exist to be into our selves! It is essential to our nature to come out to experience relationship. Often, when I think I know someone, I come to discover that this person is indescribable; likewise, when I experience joy with someone then I see that that person is unreachable. The 'other' is an endless entity, one that invites me to see myself as a giver and not as a taker.

The presence of the 'other' pulls us out. And when that 'Other' is identified by us as 'God', then we have the experience of a relationship that becomes a prayerful relationship with our own actions. And that is what makes us free. Our 'actions' of love are our own prayer.

That 'Other' who is God is the endless being, the one who is reflected all along the way, throughout our entire development. He never stops coming to our lives, to help us be aware of our own oppressions and cages. He visits in our lives through a soft and gentle whisper in our hearts, but also through powerful and consuming urges that leave us feeling totally restless and even empty — until we finally recognize that we have been *made to love*. At some point, it does take a leap of faith to accept that these whispers, and the restlessness, are messages from God.

Other meaningful people of our lives are those who have come and touched our inner self, who have encountered us in a way that has transformed us. It is common that we experience a great deal of emotion with these encounters and confrontations. And when their presence grows even deeper, we find ourselves before the transforming power of love, a power that re-creates us, as whole new persons! But such meaningful people are not only those who create emotions in our 'selves', they are also those who help us to see a new road ahead. Their presence in our lives sends us to new and unknown paths. Indeed, we dare to reach for such unfamiliar paths because we have been visited by one who reminds us about what is *essential* in our life.

THE MIRACLE OF FRIENDSHIP

Can you think of a time when someone, who came into your life, made a significant difference in the path you took? Or, likewise, when you entered another's life and somehow caused a meaningful crisis, or turning point, to occur?

Several years ago, I was helping a young woman who had a very poor self-image. She had suffered so much as a child, growing up in the absence of parents, with the feeling that nobody cared for her. Her loneliness was so deep that it was reflected in her appearance: her hair was always messy; and the way she dressed was quite a disaster, usually including some type of long sweater she could hide within. In fact, it looked like she was always wanting to hide from everyone.

Her loneliness must have become unbearable, and eventually, she decided to come to the youth group where I was working. On a particular occasion, when I was giving a talk, I noticed her presence. Wanting her to feel involved, and welcome to participate, I asked her a question, saying, "Hello, can you tell me, what is your opinion on what I have been saying? And can you start with your name?" But I got no answer. Since I did not want to embarrass her, I just continued with the talk. Much later, I went back to her with another question, but this time I got closer to her, trying to see her face, so hidden behind her hair. Once again I got no answer. I realized I was not going to get anything from her in this way, so I waited till the end. When I finished talking, she tried to run out, but I was able to say to her that we really welcome her, and that I would really like her to keep on coming to be with our group.

The following week, she returned. She wore the same sweater and her hair all over her face. The same thing occurred every week, for several months. So every week I decided to dedicate time to her. Many times it was only to be seated by her side, where I shared stories of my life, with no conversation from her side. After several weeks, I noticed some tears slipping from her eyes, and I was able to see how very beautiful her eyes were! With an even stronger conviction, I sensed that she truly needed to be recognized, so I did the same thing every week. I just spent time with her, sharing my own stories, hoping she would gain confidence enough to share hers with me as well. Little by little, from one meeting to the next, she finally began to share. Then some radical changes started to occur in her: the droopy sweater went away; she even brushed her hair! The change was so radical that, one day, she literally looked like a different person when she entered the room! Everyone made comments about her beautiful face, for she was truly good looking. But she had never seen her face this way before.

This girl had suffered so much, and had trusted so little, including herself! She was taking a great step by allowing me to enter her life, so I decided to dedicate time to her, even risking the jealousy of the other group members who clamored for my time. With small steps, I began to gain her confidence. But even though I could see progress in the relationship, I knew her heart was closed; I could *not* get in *there*...

One day, she came to the meeting and gave us a pleasant surprise. She walked into the room with a big smile, a beautiful smile that did not go unnoticed by any of us. Then, she sat by my side and said to me, "Guess what! I've got a boyfriend!" As if something magical had happened, she opened up for the first time and told me all her feelings.

She talked openly with me and smiled in a way that reflected all her great emotion. For the first time, I saw her truly happy. Someone who had offered his love to her was transforming her!

The deep pain this young girl had shown, during the many hours we had spent together, was overcome by the one who risked to love her. And the changes she experienced in her life, after feeling the love of this person, were fantastic! Her personality could flourish now that she was touched by love.

Indeed, the loving embrace of one who risks loving us is much more powerful, much more effective, than multiple hours with a psychologist! When we experience the 'other' in our life as a real person who actually accepts us, who loves us — despite our confessed resentments, hates, failures, selfishness, fantasies, and needs for affection — then, through this person's acceptance, we discover the real possibility of accepting *ourselves*. We find it possible to see value in ourselves, just as we really are. And when this 'other', based on his or her own experience, decides to love us, this person gives us the gift of his or her own transcendence, gives us the chance to love our own 'self'. This I call the "miracle of friendship".

"The faithful friend is a secure refuge; whoever has found one has found a treasure." (Si 6, 14).

Personally, when I go back to my own story and analyze some of the major changes that have occurred, I see that they have all come about through the meaningful relationship of my friends. Thanks to the friends who have risked loving me over the years, I have experienced the challenge of change — and all its possibilities.

It truly seems like miracles happen when we 'share our stories' with friends. The very essence of friendship seems to be based on the very simple and spontaneous sharing of our 'self'. I know that I, for one, have always valued dearly those long conversations, right from the heart, with the friends who have risked loving me. Such conversations reflect the very transparency of our souls. And during those sharings, I have felt 'the visit' — the visit of one who is reminding me of what is *essential*. Indeed, to share is to love; to share is to live; to share is to be free to give.

It is very important to ask ourselves: "With how many people do I actually risk being who I *really* am? Who are those who know me deeply? Whom do *I* know deeply?" To share with friends means to grant the other person permission to enter into our very center, to allow them to find, in *our* heart, the reflection of who *they* are, just like a mirror. We do not have a stronger message inside our hearts than the message of unconditional love. There is also no greater power for change than that brought about by the power of love. Those who have taken the risk to love us, just as we are, are agents of change in our own personal stories. Likewise, we can become agents of change in the lives of others. *("I shall not call you servants any more, because a servant does not know what his master is about. Instead, I call you friends, since I have made known to you everything I learned from my Father." ~ Jn 15, 15).*

I have seen that, when a person, in a moment of self-giving, shares his/her real self with me, it invites me to get out of my own cage of selfishness, to free myself from being locked up inside, to open up to the total mystery of sharing. It is in such moments that I have learned to welcome the other person just as he or she is — with no judgments, no pre-dispositions. I have learned to welcome another's vulnerability with great respect, to love through the act of *openness*. As I allow myself to do this, I am breaking down barriers, letting that other person abide in me. I am also breaking out of my own cage, finding my own freedom, which requires taking responsibility for what has been given to me, knowing full well that this experience will never leave me the same. Indeed, when someone finds a shelter in our hearts, it is we who can become transformed as well as they. The dynamism this creates in our lives is an invitation to see life with totally new eyes! This is the ***power*** of love.

The ultimate in this kind of relationship can be called a real communion. Every human being needs this kind of 'common-union in love'. Standard camaraderie and human collaboration are simply insufficient to fulfill the inner thirst of our souls. It is in 'communion' that human beings experience the true pleasure of liberation that is capable of making us happy.

It is also through this deep, honest, vulnerable experience of human communion, the mystery of friendship, that we are able to get close to the eternal. The presence of the 'Other" that is 'God' becomes accessible through communion with the 'Other' that is human. I have always believed that two people who really love each other are privileged with experiencing the face of God, when they reach out and touch closely the experience of human love. Human friendship is a true channel in which to recognize divine love.

Our human love would be poor if it were not sustained by the giver of such a gift. Everything we share in human love is a gift from God, a gift of God. If it were just from us, it would be incomplete. God alone is the author of our liberation, through love. And God will give us the opportunity to recognize Him in all the people that freely enter our stories, loving us.

Throughout my own story, I have recognized that I am a helpless romantic, something which has made me value my relationship with my best friends. The meaningful friends in my life, who have loved me both in the good times and the bad, are my greatest treasure. To them I owe the miracle of holding me, in my lonely and dark times. To them also I am indebted for teaching me the love of generosity. It is through their exquisite love of friendship that I have been able to hear the inner voice, telling me, *"Do not get stuck! You have been made to love!"*

THE POOR ~ THEIR TRANSFORMING POWER

It is true that the miracle of friendship is a mystery, and that in my life, this mystery has played a very important role. Being invited to become a deep sharer, by people who have loved me, has occurred with frameworks of great emotion — emotion that, admittedly, has not always been painless. But when I have felt loved by my friends, I have felt the fulfillment deep inside me of *belonging*. I can definitely say that, whenever I feel my heart pouring out, to the meaningful friends in my life, I feel my most basic instincts being met, as a human being.

But through the course of my life, I have had other types of visitors, besides close 'friends', who have also come to enlarge my heart — and remind me of what is essential. With them, I do not really satisfy a need; rather, they help re-shape me in terms of my ability to give without expecting to receive. They have a clear voice, one that has invited me often to receive unconditional love. And they have marked my life. Thanks to these people, on several occasions, I have been able to find my way back, when I was feeling lost. Who are these people? The poor.

Since my ordination as a priest, my work has been framed around the poor. For five years I lived in the state of Tabasco, Mexico, working with twenty-two small churches in rural areas. During the rainy seasons, when roads were impossible, the only way for everyone to get around was to walk through the mud. And the roofs of the houses, not built to withstand such conditions, caused many a family to live in flooded habitats, often for many days at a time. Despite this apparent discomfort and drudgery, I discovered in my journeys that the people I visited were marvelous! They were so joyous, so open. With them, I did not have to pretend anything; they enjoyed life, and taught *me* to enjoy, even life's little things. I saw their deep generosity, concerning all that they had, and through it I could feel and hear an invitation — the invitation to be a 'giver'.

*...**Ignacio** was a Eucharistic minister in one of the communities. One day, at the end of the Mass, he asked me to go with him to visit a sick person, to offer him the sacrament of reconciliation, so that he could continue offering communion to him. So, off we went together, and when the car could travel no further, we set off on foot. Forty minutes went by and we were still walking, trying to reach this place via a path*

where I would never want to travel alone. Finally we arrived, and we tended to the sick person spiritually. When we were coming back, I asked Ignacio, "How often do you do this?" Very simply he answered, "Three times a week I visit seven people who live about as far as this person..." In other words, to do what he did for them required a large part of each day!

*...**Marbella**, a young woman of twenty, had attended all the preparation courses we gave for the Sunday Liturgy ministers. She had been sent by the people of her rural community because they saw in her a disposition to serve. One time, when I arrived at her church, I asked her to do the celebration with me. In this way, I could supervise what she was doing and be able to help her in her ministry. But it was I who had something to learn — for Marbella was already gifted with gracefulness and honest simplicity, and the beauty of her heart flowed into her prayers, and into her gestures for the liturgy. She showed me the heart of the poor, made me want to be with the poor.*

There were many more like Ignacio and Marbella. The way they were inviting me to be a 'giver' myself was through their own personal testimony. When I saw their generosity, especially how they gave of themselves, I felt that what I was doing was nothing compared to the way they ministered to each other. I felt the call to live as they were, to give myself in generosity.

Something similar happened to me with the people in the state of Chiapas, Mexico. When I was working in the 'misery belts', around the city of Tuxtla Gutierrez, I perceived that going to the poor was like listening to an invitation from them, one that sounded like this: "Come and spend time with us. You don't need to bring anything; just come; we just need you!" This was an inner call, telling me to go and just 'be' with the poor.

This inner voice comes in the most ordinary moments:

It was the feast of Our Lady of Guadalupe. Since this was also the name of the Parish we were in, there was added reason for celebration. Very few times have I seen a whole city move in response to such a celebration. Group after group of pilgrims came to the Church, where I welcomed them by the main door. At one point I saw a man standing outside the door, trying to sell a Bible. As I got closer to him, he asked permission to do what he was doing. My first thought was that he was someone trying to take advantage of the feast to make some money, but I said to him, "No problem, go ahead; if somebody buys the Bible, that is good!" So he spent the whole day standing by the door, trying to sell his Bible — without success.

The following day, when we were cleaning the Church, the same man came back. This time, he was with his wife and he said to me, "Father, nobody bought the Bible from me and my family. And we are really in need of some money." When I looked right into the eyes of both him and his wife, something told me how true the need was. They were not just trying to take advantage of the moment to make extra money. So I negotiated with him and gave him the money he was requesting for the Bible; but I told him that, since I did not need the Bible, he could keep it. He said he would return and let me know how he used the money to feed the family. Truthfully, I never thought he would return. But after a week, he was back, telling me what he had done with the money. He told me his name was Jose, his wife Sara. And that he used the money to buy all the necessary ingredients to make a small "taco-in-a-basket" business. He wanted to sell tacos on the street to make enough money for his family to live.

One day Jose introduced me to all the members of his family. When he opened the door of his little home to me, it was symbolic of how he had also opened the door of his heart, long before. He showed me how, through his new business, radical changes had occurred in his family's life; and he made me realize how a simple act of generosity could radically alter the life of anyone.

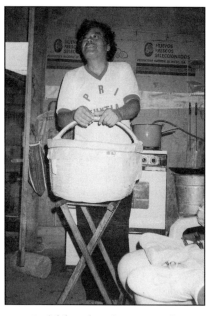

José (Photo by Yelitza Serrano).

Over the years, Jose has become a central figure to some of the people of Rochester, NY, who have joined me on retreat with the poor in Chiapas. He has welcomed many people into his one-room house. And we all have come to see, by entering into contact with this great man and his family, something really powerful happening inside us. We have experienced a transformation in our hearts...

It is through the poor people, like Jose, that I have heard the call to enter inside my own heart and make a very significant decision for my life: that I cannot pass by the brother or sister lying on the road, and just keep on going. Their presence provokes me deeply, and makes me question myself: Do I have the ability to stop, to come down to them, to become accessible, to spend time with them, to share myself, to see and tend to their needs, to let them know that I stop because they are part of me, that we are walking the very same road? (Lk 10, 30-36)

The poor have taught me that their existence is not one of adventure or romance at all. Frequently the cycle of poverty is devastating; many of the poor feel that they are in situations with no way out. I have actually come to see that, if it were I going through similar situations, I would be truly desperate. And I wonder if I would even have the ability to offer a smile, as many of them do.

It is through the poor that I have heard the invitation to see reality with totally new eyes. They invite me to see with the eyes of my heart, where the values of the world lose their meaning; where I find values that go much deeper than what my eyes can see. When we decide to see with our heart, instead of our eyes, we discover our true generosity. We enter into our real ability to love.

My years of priesthood in Rochester have been permanently highlighted by the commitment of our Corpus Christi Parish to work with a 'preferential option' for the poor. The joy that has entered my own life, from focusing on the poor, has also been experienced by all the other staff members. We have gathered, over the years, to share stories of every-day events in all the outreach ministries, operated by Corpus Christi in the inner city: We have learned greater respect for the dying, in their last weeks of life, through Isaiah House, our parish-run hospice. We have felt the joy of watching small steps taken by ex-offenders, as they walk with us in the Rogers House ministry, an outreach that includes prison visitations, a residence program for ex-offenders, and a restaurant where they can acquire job experience as they prepare to readapt for community life. We have listened to both tragic and wonderful stories about the people who are our guests at Dimitri House, both the long-term Recovery House and the daily retreat for the Homeless. Likewise, we have rejoiced and laughed over stories of the many families and individuals who come to Matthew's Closet, our clothing ministry for the poor; and the numerous stories of children cared for in our Child ministry. Through all these reaching-out efforts, we have seen the light in the faces of the poor. And there are no words to describe how that light has brightened our own lives even more.

Learning to walk with the poor is a real challenge in our age. It is not enough to give a donation to an organization and let them do the work for us. We need to actually encounter the *faces* of the poor, to discover that our stories are not different. To walk with the poor is to share a path with them, to recognize that they are truly our brothers and sisters (yes!), to therefore engage in a process to help them help themselves — the same 'attitude' we might have for someone in our immediate birth family. To overcome the situation of the poor is the task of the poor themselves; but as we join in their path, our support helps open new horizons to them. It is about our walking together, while we encourage them to overcome their individual challenges.

That is why *the poor are a clear voice* that invites us to return to *what is essential*. We may not experience any financial profit, but we will certainly find a wealth of treasure in our own hearts. We will be living out the very reason for our existence: our call to love.

So whenever you are before the poor, in whatever situation, tune your heart! Because guess whom you are facing... You are immediately before the visitor who has approached your cage, telling you that the cage you are in is not the place where you belong. *"Pay attention to your wings, to your heart — for they will point you to your vocation."*

AGENTS OF CHANGE

Many of us have encountered other people who come to represent powerful examples for our lives; and sometimes these are people whom we have never seen. They are those who have left their print in history, because of how their actions reflected 'love, operating in freedom'. Many of these people are well known by all of us. Others are much less known; they are simply witnesses of a moment in time that did not come to be widespread news.

I believe we all carry, in our hearts, some examples of people who have modeled behaviors that were 'in favor of others'. Perhaps nobody else has noticed their significant behavior yet; but for us, their impact has stayed on in our hearts, a memory that no one can take away. These memories become very powerful, continuing to influence our lives throughout the years...

John, a man who had come out of prison, once said to me, "I was so amazed that, through all those years in prison, Jim Smith (Director of

*the Roger's House Prison Ministry, at Corpus Christi) never, ever
stopped coming! I could always count on him to be there. Gradually,
he made me feel that I deserve to have something good in my life. So I
thought, if he can do this for me, if he can make me feel this way, then
I have to do much more for myself." John has been out of prison for
several years now and has indeed lived a much better life. Recently he
came to see me and introduce me to his girlfriend, with whom he is
considering marriage and the dream of a happy, stable home. I
couldn't help but think of how powerful that one influence of Jim
Smith was on his life: the simple example of someone who shared his
path, and gave him the chance to believe in himself. It changed his
whole life! It is an action that seems so little, so insignificant in the
total scope of things, but Jim Smith's simple faithfulness to him has
meant a new life for John — and for others like him.*

Likewise, the spirit of another Corpus Christi parishioner has made huge
impact on the lives of others...

*Anyone who has had the privilege of meeting Kathleen Quinlan can
immediately sense her vivid passion and her love for life. One day
Kathleen came and shared with the staff that she had just celebrated
her 50th birthday by going down the Olympic toboggan chute at Lake
Placid; she was so very excited! All our eyes focused on her, as we just
marveled at her energy and passion. Kathleen finds such joy in things
she's never done before; likewise, she is so pained at seeing younger
people so afraid of the unknown. But we who know her know that her
passion for life is enhanced by a specific source: her closeness with the
dying. Kathleen is Director of the Ministry for the Dying, at Corpus
Christi's Isaiah House. Her intense mercy and zeal for those who are
living out their final days on earth has doubled Kathleen's own passion
for life itself. Helping others prepare to die has made her value every
single moment of life. What knowing Kathleen has done for me, and
for many others, is to make us see life with new eyes. And to live it in
all its intensity! Kathleen's witness is calm and silent, but her sparkle*

and love are oh, so loud in the hearts of many family members. The pain they feel at losing loved ones is tempered by Kathleen's very presence and her ability to bring peace and comfort and even joy to the dying, in their final days.

We all have people like Jim Smith and Kathleen Quinlan in our lives — people whose actions might seem normal or insignificant to others, but which are hugely impacting on us. Very simple actions, in a particular person's life, can have so much more meaning than one might ever suspect. Images of ordinary life... but actions of great holiness...

Other well-known people have come to have great impact on our lives by painting the path of liberation with love. Simple people, with simple lives — now 'famous' because their attitudes were so strong that they just had to stand up and call out for freedom, in the name of brotherly love. They modeled the very best of the human spirit; and they risked everything to bring about a message we all needed to see and hear — a message that was needed, to cut through our blindness. Such people have existed throughout history; many even from recent times...

- *Who can be blind to the tremendous testimony of **Mother Theresa of Calcutta**? So small, so fragile; but with a heart big enough to embrace and care for the poorest of the poor, giving them dignity to die as human beings...*

- *Then there's **Nelson Mandela**: tall and strong — with a spirit to match! Diligently seeking freedom for all his people in South Africa. He spent twenty-seven years in prison for his civil disobedience after he tried to dismantle the brutal Apartheid system. He even had the courage and strength of spirit to dare to keep his dream alive the whole time he was in prison! Eventually he was elected president — finally free to lead his people.*

- ***Dorothy Day**, a total pacifist, was born in 1897 and started the*

Catholic Worker Movement in the '30's. Her heart and her energy led her to open up many Soup Kitchens across the U.S., including St. Joseph's House of Hospitality. She openly condemned the U.S.'s participation in WWII and the nuclear bombing of Hiroshima and Nagasaki, and was arrested countless times for her acts of civil 'disobedience'. She also edited "The Catholic Worker" paper, which advocated for the rights of the working class.

- *From a Mexican-American family in the southwest, came another who dared to love boldly:* **Cesar Chavez** *(1927-1993). When his family lost their small farm during the Depression, they were forced to join the tide of migrant farm-workers. Cesar became aware that farm-workers were notoriously the poorest and the most exploited of American workers, a fact that was especially true for those who were illegal immigrants, since they were excluded from the protection of most labor laws. Influenced by a priest, and later trained by a community activist, he acted on his determination to organize the farm-workers, to give them a voice. This was the very beginning of what would become the United Farm-workers Union (UFW); in the California area, this union helped the farm-workers set up boycotts. During Cesar Chavez's struggle, he followed two key principles that he valued: non-violence and sacrifice. He maintained a personal lifestyle that matched that of any other worker, including having the same salary.*

- *Courage was no stranger to* **Rosa Parks** *either. On December 1, 1955, in Montgomery, Alabama, this Afro-American woman refused to give up her seat on the bus to a white man. This simple action of civil 'disobedience', by a very simple but courageous woman, started the unraveling of over 300 years of racial discrimination in the United States! She is now known as the "mother" of the Civil Rights Movement.*

- *Another apostle of freedom was born in the shape of* **Martin**

Luther King, Jr. (1929-1968). The day after Rosa Parks was arrested for refusing to yield her seat to a white man, the incident immediately sparked a bus boycott by the city's black population. In this setting arose Martin Luther King, as new organizer of the community. In a small church in Alabama, King said, "As you know, my friends, there comes a time when people get tired of being trampled over by the iron feet of Oppression." This launched King's career as a leader of the black freedom struggle in America. He truly was a prophet of our times, proclaiming to his generation the justice and mercy of God. King received several death threats, but still he persisted with the dream for freedom. Eventually the Movement spread beyond Alabama and King became the national leader of the freedom movement.

A critical moment in his journey to freedom occurred very early on. A death threat to both him and his family tested the limit of his courage and strength. He went into the kitchen, and in a moment of silence, he turned himself over to God. What he felt was God telling him: "Stand up for righteousness. Stand up for justice. Stand up for truth. And I will be with you...". After this, he said: "I was ready to face anything!" In 1963, in Washington, D.C., he delivered his famous "I Have A Dream" speech. That speech summarized his most hopeful image of an America redeemed by the transforming power of love, "when we allow freedom to ring, from every village, from every hamlet, from every state, from every city".

Martin Luther King also became the champion of the non-violence theory. He publicly spoke against the Vietnam War and became increasingly critical of the power structures within the United States. And he also began to forge bonds of a radical alliance that would unite the poor people of all colors in the struggle for social change. King, as we know, was murdered. But his voice unleashed the cry of equal rights for all people, of all colors.

- *Similar courage occurred in India, where* **Mohandas K. Gandhi** *(1869-1948), became the 'hero' of the Indian independence movement. He did more than any other person in history to advance the theory and practice of non-violence as a tool of political struggle. Gandhi's figure offers a special attraction: he was pursued by evangelical friends and was received into Christianity; while he rejected some of the dogmatic claims of Christianity, he embraced the ethical claims of Christ. He confirmed his Hindu faith, but it was a faith always open to a greater truth, and not separable from his public struggle for freedom and justice.*

  Later, Gandhi wrote his own interpretation of the "Sermon on the Mount", emphasizing the 'law of love'. He developed a true devotion to Jesus, whom he regarded as an ideal representative of non-violence; he embraced Jesus' redemptive suffering unto death, just to give us life. Gandhi cited Jesus' example of loving service as the essence of true religion. He has become one of the best known for his expressions of non-violence.

- *Famous footprints on the path of freedom and justice are also found in San Salvador. They belong to* **Oscar Arnulfo Romero** *(1917-1980), who was named Archbishop of San Salvador in 1977. This selection was a delight to the oligarchy, the dominant ruling class, for he was known as a pious and relatively conservative bishop, someone whom they expected to honor the status quo. Little did they know! In fact, no one could have predicted what a surprising impact Archbishop Romero would make in just a few short years. He became the embodiment of a very prophetic church, "a voice for the voiceless". It seems that something changed him as he was officiating at the funeral of a friend, Fr. Rutilo Gande, who was assassinated as a result of his commitment to social justice. In Romero's weekly sermons, broadcast by radio throughout the country, he dared to feature an inventory of the week's violations of human rights! For Romero, the church's option for the poor was not* *just a matter of pastoral priorities, it was a defining characteristic of the Christian faith.*

In the midst of social contradictions came full-scale civil war. The day before Romero's death, he said: "In the name of God, in the name of our tormented people, whose cries rise up to heaven, I beseech you, I beg you, stop the repression! ... The blood of the martyrs will live forever in the memory of the people, in their struggle for freedom ... If they kill me, I shall rise again in the Salvadoran people!"

- *Similarly large portions of love and courage also reside in the person of **Samuel Ruiz** (Tatic), who, at this very moment, is walking the path of the indigenous people of Chiapas, the most southern state in Mexico. Bishop of San Cristobal de las Casas, Samuel Ruiz has been very much in our news during the last two years. When the leaders of the indigenous Mexicans, the poorest of the poor, gathered enough arms to cause a military uprising, they declared war against the Mexican Government. Normally a very peaceful people, they were tired of the oppressive government tactics being used against them, for years. Their uprising called the world's attention (thanks to the Internet!) to the many injustices they were suffering as the poorest of the poor in Mexico. Eventually, Bishop Samuel Ruiz became the mediator of the peace talks between the Mexican Government and the 'Zapatistas'. Ruiz has also promoted the formation of an indigenous church, inviting the Roman Catholic Church to be more open to accepting indigenous costumes and even integrating their religious practices into Catholicism! Ruiz is clearly a promoter of 'the dignity of the human being'. As such, he calls out to the entire Mexican nation, inviting them to join in the cause of the indigenous people.*

There are many more who have also shown their love for others by helping in the struggle for their freedom. These courageous and loving people all have a very real voice for us. It is in their voice, in their example, that we can see the steps ahead. Each has been called to witness very concrete situations in history and in time. None could be silent with what they saw, what they felt — and their subsequent testimonies are an example to us. So that is why I call them "companions on the road". Their testimony, their courage, their struggle, show us the way. They call each of us to pay attention to *the specific historical moment that we all are*.

As long as injustice is being played out, we cannot be silent! Otherwise, one day these road companions will rise up and question us about our silence!

The Bird in the Cage ~ His Inner Voice

The Israelite foremen felt they were in great trouble.

They met Moses and Aaron, who were waiting for them, and said: "May Yahweh look upon you and judge you because you have made us hateful to Pharaoh and his ministers, and placed in his hand a sword, to kill us."

Moses then turned to Yahweh and said, "Oh, Lord! Why have you treated your people so badly? Why did you send me? From the time I spoke to Pharaoh in your name, he has brought trouble on this people, and you have done nothing to rescue them!"

Yahweh said to Moses: "Now you will see, that I will overcome him and oblige him to let you go, even force him to drive you out of his land."

(Ex. 5, 19-6, 1)

Chapter 4

The Bird in the Cage ~ His Inner Voice

INTRODUCTION

There is nothing more dramatic in our lives than being face-to-face with our own conscience ... getting to that moment and place where we can quiet down all the external voices, telling us how to act ... and listening to our own voice, deep inside. At times we reach a moment where, if we do not act from the very center of our 'self', all that we do will lose meaning. This is entering our conscience.

It is not only a normative voice, one that has assimilated all the messages related to "should" and "must" and directs our actions; it is also the inner voice, the one that allows us to continue being the authentic person that we really are. It is the cry of our own truth. It is the essence of our being. In there, we listen to the Eternal Voice of our Creator, a voice that calls us out to be the one that we were created to be. That is why it is the voice that makes us restless.

For me, the cruelest reality is that the inner voice is heard only by myself. My response to it cannot depend on the actions of other people, since they cannot hear the voice! On the contrary, very often it is even necessary to *silence* what others are saying so that I can hear this inner voice. To enter into this center of my very being, to enter into my own conscience, is to enter into the most intimate part of me. There I am very fragile. Like any other creature. But it is there that I can be strong too, by listening to my Creator, the one who made me.

To learn to listen to this inner voice is to learn to listen to the part of me that waits for fulfillment. It is the part of me that searches for growth and forces change in my life. To listen to this inner voice is to affirm my best self, contrary to others' opinions. To listen to this inner voice is to walk in the road I am choosing where I see growth, even though others might be saying that is the wrong road. To listen to this inner voice is to discover my own truth, even though others have their own truth

To listen to this inner voice sometimes means sacrificing popularity; on occasion it means facing, and finding, death, as Jesus did on the cross. Nonetheless, it is only through listening to this inner voice that we can have meaning in life. It will lead us to authenticity in spite of possible loneliness

A STORY

While working in Chiapas, Mexico, I had the opportunity to live an experience that put me in contact with one of those moments where our conscience becomes clear. Such moments seem to occur in particular situations where you are "on the edge", just on the border, within the limits of living or dying...

It was late, and I had been celebrating Mass with one of my communities outside the city, in the poor area of the Parish. I was returning home. When I opened the door, I heard the phone ringing. When I answered, there was an agitated voice that I could hardly hear. "Please, Father, go to the city jail and ask for Fr. Joel. He has been taken as a prisoner. Do not move from there until you see him! Otherwise he will just vanish!"

Immediately, I called other people to go with me, among them a lawyer. When we arrived at the jail, the guard denied the presence of the priest in the jail. But we persisted and finally another official told us that he was there, but that we could not see him. We let him know that many people, as well as us, knew that they were holding this priest; we hoped, in this way, to impede whatever actions they were planning to take against him that night.

The following day, the local press released their own version of the news about Fr. Joel Padrón: He was from the village of Zimojovel in the mountains of the Diocese of San Cristobal. He was accused of having promoted an armed uprising of the Tzotzil communities of that region, to take over a piece of land which apparently belonged to rich cattle families. The priest was also accused of having guns and of having sexual involvement with a prestigious woman of the town. As always, the news sought to create dramatic impact; one had to wonder exactly what the truth was behind the story. I had become a close observer of the situation now, having been pulled into the story through that phone call.

Very soon, representatives of the Diocese of San Cristobal de las Casas arrived; I came to learn that the whole village of Zimojovel, the priest's home, was already walking toward the city. They were coming to rescue their priest. It would take them three days by foot to arrive at the city. Then I discovered several reasons why the Cathedral of the City would not be able to receive them. So I sent notice that I would receive them in the Parish of our Lady of Guadalupe, also situated in the main street, just a few blocks away from the Cathedral and the City Hall.

The arrival of the indigenous people created huge conflict. Many people disapproved; others were simply bothered by their presence. They blocked the main street of the city and made our Parish their home. The Parish looked like an indigenous settlement! Our living room was also invaded by Bishop Samuel Ruiz of San Cristobal de las

Casas, other priests of the Diocese, and the International press. Evidently, I was witnessing one of those "live or die" moments! It was a time when 'the truth of Fr. Joel' would be challenged; he was in one of those moments where he was all alone — not only because he was in jail, but because he was in that lonely place where his whole self was searching for the meaning of his particular life...

Indigenous march.

The days passed by, turning into weeks. Fr. Joel was still in jail. Outside, the drama continued, and included negotiations with the Governor of the State and, later, with the Mexican President!. Meanwhile, the inner drama with Fr. Joel, with his own truth, continued as well.

The Governor finally presented the terms for the negotiations: Fr. Joel would have to leave the State and never return to serve any community; under such conditions, he would be released. Because this proposal came about after several weeks, it had provided enough time for Fr. Joel to be confronted by his fears and weakness in the jail. Enough time also for him to feel fragile, in need of help. But when he was approached and told the conditions of his possible release, his response came clearly from the very center of his heart. Indeed, during those moments when we are before death, answers are very clear. Fr.

Joel said, "I will never leave my people and their struggle for justice, even at the cost of my own freedom, or my own life."

Bishop Samuel Ruiz affirmed the decision, saying: "The truth is not there to be negotiated; truth simply is — and needs to be respected." Bishop Samuel did not negotiate with the Governor of Chiapas; he went directly to the President of Mexico. He denounced openly the abuse of human rights, specifically those of Fr. Joel who was detained unjustly and a victim of false accusations. "To create a better awareness in the minds of the people, of the oppression they are in, does not mean asking them to get guns. But it does mean awakening them to the situations they should not permit. This is a truth we cannot negotiate, because it is the Gospel," said Bishop Samuel.

The result? Fr. Joel was released after two months. He remained in the State of Chiapas and went back to continue working in the same village, his spirit stronger than ever after this experience. As he said, "I saw a part of myself as I never did before." This experience may also have delivered to him more enemies than ever before, but through the clarity of his statements, one can see his much greater determination to be "the person he really is".

Bishop Samuel Ruiz.

For me, these events caused great personal reflection as well, reflection that brought forth a very clear message: if Fr. Joel had tried to save himself, by relinquishing the cause of the indigenous people, his release from jail would have been very fast. However, he would have entered into a much bigger jail — one that he would hardly be able to leave. By listening to his inner voice, by being firm from the depths of his very center, he gave witness to his own truth. And to freedom. A freedom that no one can take from any of us — even if they were to kill us.

FINDING OUR DEEPEST DESIRES

The first impact we will experience, as soon as we enter into the center of our self and allow ourselves to listen to our own inner voice, is the need to simplify our life.

But as I say this, I recall the many reactions from people upon hearing this thought. Immediately they seem to think that to *simplify* their lives is to lose what they have attained through the years. It is true that we all have fear of losing what we have achieved. But the irony is this: simplifying is not about *losing*, it's about *gaining*.

When we simplify our lives, what we really are doing is *prioritizing* the things and activities on which we spend our energy. Simplifying is about emphasizing that which gives us life, that which brings us joy and fulfillment. Simplifying is about emphasizing that which is important. When we prioritize our activities, certainly we put some things further down the list, but not the things that fulfill our heart!

What is the situation behind this desire to simplify, and the process of simplifying? It seems that in our life styles we have surrounded ourselves with so many unnecessary things, things for which we make great compromise in order to have them — yet they do not give us life. As a result, in an average person's life, we will find that 60% of his/her activities are not at all what he/she actually wants to do! The same can be said about our belongings: we can easily find that 60% of our things are unnecessary. They are not essential — neither for our needs, nor for our happiness!

An example of this could be what I call the "museum living rooms". In almost every house in America there is a big living room, well decorated, often with very expensive furniture; plates and glasses for rare, special occasions. This room consumes a huge part of the house, yet it is used only five or six times a year. The rest of the time we eat in one corner of the kitchen with the daily plates and glasses! Exactly the same thing that we do with such a living room, we do with many other things in our lives.

I would stress again that in order to simplify our lives, the emphasis should be on *what we have discovered to be important to express our life, to be the person that we really are.* When we looked, earlier, at some of the behavioral models whose lives were/are an example to all of us, we didn' t say that any one of them was a perfect person. Each one of them was busy working on different areas of his/her personality, just as we do in our lives, to do that inner work that will finally let us see '*what is essential*'. Ghandi, for example, was a great person in his conviction of non-violence and his passion for social change for his people; yet his personal relationship with his wife suffered a lot. The same could be said about *any* wonderful example of human being; there will always be a darker side that each is working on. And so it is for you and me. We all carry our imperfections, and we are all on the same road. But when we each enter into our own inner self, we all know what we have to do, which is the road we have to take. The more we simplify our life style, the more we will be able to overcome our own deficiencies.

In my own experience, I have come to see that to try to simplify my life has two sides to it: one is internal, the other external. The *internal* side is about the discovery of that which brings me to my center. What are the kinds of things that nourish my energy? What are the kinds of things I love to do? Where do I find my passion? What moves my heart? What kinds of things bring me joy? This is the inner work that I must do; that we all must do. If I answer with my whole self, I will be complete and I will be integrating all aspects of myself. When I answer these questions, I will be defining myself; I will be much closer to the real person who I am. Doing this inner work lets my personal treasure shine.

It is important to note that, generally, those things that give me energy are those at which I excel, those which I love to do. By seeking the way to my center, I will discover numerous personal qualities that allow me to do what I love to do. We need to pay attention to this truth. Generally, when we find ourselves loving to do something, it might be pointing to specific qualities or talents that have been granted to us that we have not yet become aware of! Or that we have not yet acknowledged.

As an example: If all of a sudden you discover that you love photography, it is more likely that this might be pointing to a number of artistic qualities you possess that go *beyond* photography. You might have abilities for painting or decorating. Or you might even have an eye for developing the beauty of human beings, the art of enhancing the inner beauty of another person.

When we do the inner work of simplifying, then we experience a great joy! It is all about concentrating on what we love and what we are good at. This is what will bring us fulfillment.

To the degree that we do the inner work, we then enter into the second part, the *external work*. "What are those things that I don't really need? What are the things that consume so much of my energy, things that I really could leave behind? What things demand so much of my time, yet bring me little or no joy?'" Even though I describe this as 'external' work, it doesn't mean lack of connection with the inner work. For some people, realizing that they are involved in an unsatisfying form of employment requires a tremendous inner work — before they can decide to leave it. For others, becoming detached from belongings is not possible before they do real inner work to help them see the value of such detachment.

To simplify our life styles means to find our deepest desires. We really need to see this. The more we become people with a list of priorities that bring out our ability to love, the more we will simplify our lives and become transparent in our attitudes.

When, in the deepest part of our 'self', we become ready to listen to the joy of love as we encounter others, and truly open ourselves to their reality, our conscience will become formed by this value of love. And *this* will have a priority. In a heart that is living simply, we can listen to the law of love — and *hear* it!

"Come, blessed of my Father! Take possession of the kingdom prepared for you from the beginning of the world. For I was hungry and you fed me; I was thirsty and you gave me drink. I was a stranger and you welcomed me into your house. I was naked and you clothed me. I was sick and you visited me. I was in prison and you went to see me... Truly, I say to you: whenever you did this to one of the least, to my brothers, you did it to me." (Mt 25, 34-36. 40)

To simplify our life is to tune in with our *deepest desires*. These desires will show the very best of our person. There, in the intimate part of the self, where I am totally alone with me and my own truth, I can discover that the most essential part of me is my ability to love. This is the law of my conscience. And no cage of any kind should stop me from listening to this simple voice, a voice that calls to me: *"be free, to love"*.

FACING OUR FEARS

In the process of listening to our inner voice, there is a phenomenon that all of us have experienced in different ways. It is so powerful that it has the ability to paralyze us and can frustrate our growth toward freedom. This phenomenon is Fear.

Fear is a powerful psychological-physical reaction that affects my whole self — and conditions my behavior.

The psychological reaction occurs as a result of the insecurity we feel before something unknown, something beyond our control. In our society we have created behaviors based on the *control* we have of things; and we have equated control with *security*. Consequently, when we face things beyond our control, we immediately feel like we are walking on insecure ground. This makes us feel very vulnerable. This is a place we do not want to be.

In the journey to our personal liberation, we need to listen to the inner voice that tells us there is something greater than the secure and comfortable world we have become so accustomed to living. The inner voice of our conscience tells us that we need to walk on an unknown road. This is a risk we need to take, to attain the freedom that will make us whole.

We can be sure that the road that will bring us to fulfillment often runs in the opposite direction from the voice of society and its institutions, whenever they invite us to walk on secure, safe, and stable ground.

Why is it that fear has the power to paralyze us? How does this happen? We can all recall many circumstances where we have experienced or witnessed such paralysis, I'm sure; there is one in particular that sticks out in my mind...

While I was in Chiapas, I prepared to go on vacation with some great friends, among them a young married couple. We were heading for the coast of Quintana Roo, to places not well-known, where we would be camping. We were very excited and eagerly gathered our equipment.

The young couple had never camped before. They were truly excited! But as the young woman began making comments to her parents about the vacation, including the adventure of sleeping in tents in remote places, her parents became very anxious. They started frightening her, saying, "This is very dangerous! It's even irresponsible. We cannot understand how your husband is putting you in such danger!" The husband, for his part, was checking out the weather conditions for the month of October, the time of our pending trip. He discovered that they were forecasting hurricanes and posting warnings. When both of them came back together, and discussed these things, a hurricane of fear had already consumed them! As the day of the trip came closer, instead of their being excited and joyful, they were filled with anxiety; they were fighting about everything. These fights became their excuse for breaking with the rest of the group. They did not go on the trip.

The rest of the group enjoyed a wonderful, exciting vacation, filled with unique experiences. Unfortunately for this young couple, who had everything to look forward to with each other and the group, they missed out on all the fun, and all the growth. And only because they let their fear of facing the unknown paralyze them.

If we let fear have the power to paralyze us, it will also detain our growth. And it is even much more powerful, has much more impact on our lives, when it is about more than just a vacation. When this fear is about facing the inner parts of our 'self', then the effects of missing out on the experience can be much more devastating — to our growth and to our sense of joy.

What exactly is the root of our fear? Identifying this, in the everyday routine of life, can help us find the steps to freedom.

The most unknown element to us is Death. And we have granted it great power over us; we avoid even thinking about it. Such is its power over us that, even at our funerals, we try to deny it; we want to avoid the agony we feel when we are right in front of it. The reality is that death is right there in front of us. It is the most common experience shared by all human beings. And it is inevitable. We have absolutely no control over it since we cannot do anything about it.

The only way to take away the power that *death* has over us is by giving meaning to our way of living — to the very actions we experience in the here and now, of the very day we are living. When we learn to live the present moment with intensity, we are making a decision to be our real selves. The people we really are. This is a sure cure for taking away the power of death!

A consequence of the fear of death is the fear of *suffering and pain*. This proves to be another source of paralysis. We have come to interpret that pain is the vehicle of death, so we must avoid it at all costs. Sometimes this physical pain can actually even stem from our very fear of being sick. It can be psychological pain as well, stemming from our fear of being *lonely*; this is seen as the death of the spirit.

When we enter into our conscience we will have to face these fears. Growing toward freedom means stripping away the power of these three elements — death, suffering, and loneliness — which play a significant role in everything we are and everything we do.

In the story of Fr. Joel, the lonely time he spent in jail was part of the inner work he had to do. He had to see the possibility of his death, face-to-face, to be able to both maintain and fortify his integrity on the side of the people. When he robbed death of its power by *confronting* it, and its very possibility, he was much clearer about his own truth. In jail, he suffered not only physically but emotionally; he felt loneliness in the form of rejection and the loss of his popularity. But when he chose to put aside all his voices of fear, he was finally able to go beyond his own self, to be strong in a way he may not have thought possible.

A similar dynamism gets repeated within each of us during all the crucial moments of our lives. It is at these times that we are invited to look for our freedom to love. It is an invitation. *We must decide whether to accept it or not.*

Why is it that the drama of our growth is found amidst the crucial moments that shatter our lives? It is related to the fact that, in our everyday living, when we are very reluctant to be face-to-face with our fears, we come to see that they also cover up our dependencies. It is only in the *crucial* moments that we become able to leave behind these dependencies.

Our own reality shows that we are all working on our imperfections; these imperfections have been created and enhanced throughout the years by our insecurities. And the degree to which our insecurities are allowed to take over us determines the extent of our fears. Our *insecurities* are the cause of our *dependencies*.

In terms of 'dependencies', it is perfectly normal to experience a number of needs, as human beings. And it is normal to look for satisfaction of those needs. But the problem starts when we create a dependency on those things that satisfy our needs. We can create a distortion of reality when a 'means' becomes and 'end'.

The road to freedom takes us beyond the mere satisfaction of needs. It demands of us that we remain firm, in the real person that we are, even when we do not find the satisfaction of our own needs; it reminds us not to depend on that satisfaction. When I can satisfy my needs, great! But my personal fulfillment does not, and cannot, depend on it.

Our inner voice will ask us to be loyal to our own truth, even with the loss of our securities. It will tell us that our fulfillment is beyond the satisfaction of the needs and 'security' we have created around us. It sets us free — free to risk, free to move into a different territory, into a new journey.

As we take this journey, we will be continuing to face our fears — and also our dependencies. When we move beyond mere satisfaction of needs, we become 'ready to be given'. And this is where we are set into the life of faith. The great thing about listening to the inner voice of our conscience is that, in this place, we are abiding in the hands of God. And the more we depend only on God, the freer we will be from being dependent on things. We will realize the truth of the words we hear so often, that, while things pass away or break down, the love of God simply never goes away! The very best, secure place is in the hands of God.

I can imagine that, as you are reading these words, you might be thinking that you are so far away from this ideal. Do not worry. You are not alone. We all are far away from experiencing the full truth of it. In our particular journeys of faith, we are all in different places. But the infinite wisdom of God has destined a stage, in the process of our lives, where we will be confronted with our fears to learn to depend on God alone. This stage starts in our lives when we discover that the work of our personal liberation is not only *our* task but the task of *God*. God will be in charge of forming us, reshaping us, transforming us into the work of art of God's own love! In the spiritual journey it is stressed that "it is only when we let God be 'all in us' that we can really grow". To let God inside us means to *move out of the way!*

The facing of our fear to die, and the pain of being alone, will set us free into the hands of God. This is achieved by listening to our inner voice, by risking to love...

FACING OUR LIMITATIONS

In our opening story, the bird in the cage reached the point of dreaming about going to the forest, about being free to fly. He discovered a deep and powerful desire deep inside him that was inviting him to take the risk, to go to the forest! But it was also right here, in the midst of his deepest desire, that he saw his own limitations...

When this bird tries to fly, he crashes right into the bars of his cage. These bars are clearly the external limitations that exist in his present life. Like this bird, we too crash into real-world limitations and restrictions, while living in the cages we have built in our lives. But the bird experiences more than just external restrictions; he also is consumed with fear and doubt, thinking to himself: *"Yes, I want to go to the forest... But I have never been there before! I don't know if I would really be able to fly... Maybe I can't really fly?"* This kind of questioning and doubt represents the development of internal limitations. The questions, and even the doubt, are normal and valuable up to a point. It is only when we linger in them, get consumed by them, that we risk becoming paralyzed by them.

In the process of our liberation, it is inevitable that we will be confronted with, at certain moments of our life, our own limitations and imperfections — our external poverty. To make matters worse, we need also to face our inner poverty as a requirement of our growth. When we start to do this, it will help us to turn to God. And we will start to see ourselves as God intended us to be.

There is a story that I read a long time ago, about imperfections and how God intended us to be...

Brother Leon and Brother Francisco of Assisi were walking by the side of a river. At one point they came upon a waterfall with the most beautiful, clear, transparent water. Brother Leon was so taken by the beauty of the sight that he contemplated the waterfall for a long time. Suddenly he exclaimed, "Brother Francisco! I wish I could have the transparency of that water...It is so pure. The more I look at it, the farther I feel from it... My own imperfections are so great that I could never be so transparent before God!"

Brother Francisco looked at him with great tenderness and said to him, "Brother Leon, when we see ourselves with our own eyes, it is true that we are far from having the transparency that we should all have before God. But if we could see ourselves with God's eyes, then that transparency, that purity, would be there. It is only from God's eyes that we can be so transparent." Brother Leon smiled, with immense inner peace. He began to repeat to himself: *"Only God overlooks our imperfections and sees the magnificent work of art of His creation."* (Ref. Sabiduria de un Pobre by Eloi Leclerc).

On the road to our liberation, we give great attention to all of our limitations: physical, psychological, sociological, and intellectual. What is important for us to know is that *all these limitations become our excuses to avoid growth.* It is so easy to find ourselves saying, *"I can't ever be free to love because I didn't even have a father who loved me!"* Or, *"After all, I don't have the background or the education to do better than I'm doing now."* In such moments, we play 'victims', eager to accept the consolation of others. But such excuses are not good enough.

Facing our limitations requires that we shift our vision, to see that we truly are in the hands of God, our Creator. Yes, the very one who created us! And He/She did not make 'garbage'! We are given an inner voice to remind us of this fact, a voice that will never vanish. We will always be restless knowing that there is something we are being called to do; or, likewise, that there is something we did not do that we could have done! This is the same voice. We must all listen to it.

To grow spiritually leaves no room for excuses. The inner voice of our conscience is telling us that we can indeed walk where there is no path. Even when we are *not* growing, we feel *compelled* to do it; the voice does not give up on us! It is a gift from God Himself. No excuses can stifle the inner desire to be the best person we can be.

When we have the courage to face our limitations, we begin to find a whole new strength — a strength that does not originate with 'us'. It is the action of God, sending us His Spirit, to give us courage, to make us brave.

In the experience of the Apostles, after Jesus was put to death, they too became very afraid and even hid behind closed doors — the same way we all try to run away from things that frighten us. It is fear that makes us hide, either literally or otherwise. But within those closed doors we can also use the time to face our limitations. For example, the apostles were feeling insignificant before the power of the Romans; and truly they were! But when they turned their eyes to God and saw themselves through His eyes, through the power of the Holy Spirit, they gained their courage and came boldly forward. With a whole new attitude. They became fearless witnesses. They stopped worrying about their limitations and started focusing instead on the inner strength they had received. Nobody could rebuke these new voices, so full of strength! (Ref: Mt 28, 16-20; Act 2 14-40)

To come to our inner self, to face our limitations, should place us face-to-face with the power of God. At this moment, the Spirit takes charge and the voice of God becomes our own. Yes, our own!

Free to Love

The Israelites left Rameses for Succoth, about six hundred thousand of them on the march, counting the men only, and not the children.

A great number of other people of all descriptions went with them, as well as sheep and cattle, in droves.

With the dough they had brought with them from Egypt, they made cakes of unleavened bread. It had not risen, for when they were driven from Egypt, they could not delay and had not even provided themselves with food.

The Israelites had been in Egypt for four hundred and thirty years. It was at the end of these four hundred and thirty years, to the very day, that the armies of Yahweh left Egypt.

This is the night when Yahweh kept watch to bring Israel out of Egypt. This night is for Yahweh; and the children of Israel are to keep vigil on this night, year after year, for all time.

(Ex. 12, 37-42)

Chapter 5

Free to Love

INTRODUCTION

> *"The cage door was open...*
> *... the bird edged closer to the door of his cage..."*

> **And went out flying — as never before!**
> *He had chosen to be free.*
> ***Free to fly.***

Here too, on the edge, stand all of *us*. Facing a world very unknown to us.

We feel very vulnerable, facing situations we never thought could happen. Within us there is a voice that is becoming louder and louder; it is reminding us of the only calling that all of us have in common: that we have been *made to love*.

To choose our freedom is to choose to live with intensity — to choose to listen to that very inner call to become fully integrated persons. To choose to be free to love.

Nothing should hamper this ability to choose. To love is to be free. To love is to grow. To love is to change. And to be free to love is our choice.

Are we willing to choose this freedom to love?

A STORY

Fr. Jim Callan, Fr. Bill Spilly, and I had planned a trip to El Salvador to visit the Parish of Santa Martha, with whom we have had a connection for several years. Various groups of people from the Parish in Rochester had gone down to spend time with the Salvadoran's, as a sign of solidarity, because of the civil war the people had endured.

In October of 1989, the Jesuit community of the University of Las Americas and some of the people who worked with them, were murdered. This had increased the turmoil within the country; consequently the army closed the borders. It was only three months later that we were taking our trip.

Jim and Bill met me in Chiapas, where I was just beginning my work; we travelled in my VW bug. We crossed Guatemala and Honduras, only to find that the border in El Salvador was closed. Then we tried to cross to Nicaragua, going all the way around Honduras by a very destroyed road. We got to Tegucigalpa, where we applied for visas to Nicaragua. The two Americans, Jim and Bill, would have to be investigated first, and this would take several days. So we could not enter Nicaragua either.

During this entire trip, we noticed that people were treating us very poorly. They were distant and aggressive. Nobody wanted to give us the information we needed; and everywhere we went, we felt rejection.

We decided to return and visit the refugee camp called Mesa Grande, located by the border between El Salvador and Honduras. It had existed for several years. In the early years of the war, the refugee camp had been supported by the United Nations; but the war carried on for more than ten years and this support had diminished considerably. The government of Honduras was holding refugees in what was very much like a concentration camp, watched by the military. This was the place where we decided to stop, to visit with the people from El Salvador.

We were told we could not enter the small town just before the camp without a permit, which, of course, we did not have. And once again we were poorly treated.

Knowing we were not going to be able to enter, we decided to get as close as possible to the doors of the camp. When we got there, we were immediately surrounded by soldiers and drilled with questions. Trying to bring calm to the situation, I told the soldiers we did not know we needed a permit to enter. I explained that we were three priests who only wanted to celebrate Mass with the people. I was asked to step out of the car. I was taken abruptly to a room where I had to talk with a Commander. I had to leave Jim and Bill behind in the car, surrounded by the soldiers, who did not show any delight about being with them! The Commander looked at me and asked for the permit; when he learned I did not have a permit, he posed many other questions and then, suddenly, he said: "You have only two hours!"

I returned to the car, and without saying a word, I began driving. Jim and Bill were pale. The doors were opened by the soldiers and all of a sudden it seemed as if we had entered into another world. The place where the camp was situated was a dry meadow with nothing around; it was like a desert! The children were the first to come out, as they saw the bug car coming in. They came smiling and with great enthusiasm. I said to them: "Go quickly, tell everyone that there are some priests who want to celebrate Mass with them." So the children went running, to bring the news.

We waited for a while, and from all corners of the camp, the people

Jim and Enrique at refugee camp.

started to come to the meeting place. They brought guitars and other different musical instruments, home-made by them. There was true joy in the gathering. They welcomed us, became very interested in us. They were so thankful that we were there, just for them. As we did not have liturgical vestments, or sacred containers, our celebration was based on sharing our stories, illuminated by the words of Scripture. We prayed together, laughed together, and cried together. It was a great celebration.

Where was all this joy coming from, given the place these people were in? What was going on in their hearts that allowed them to be that way? We finally realized that they were living with the hope of their liberation. It was this very hope that was, in fact, making them already free. Even though they were in a camp, living as prisoners, their hope was making them free to love. No one outside that camp treated us the way they did! No one outside the camp enjoyed our very presence the way these people did. Their joy sealed our trip.

How was it possible that people who were like prisoners could have more joy than the ones who were free? When the treasure of true 'freedom' is known, then we start to live from the center of our lives, with joy and with spontaneity. When the treasure of true freedom is known, then every single moment is precious. And every person is important.

These refugees kept telling us their stories, as if they were trying to make them last forever with us. And we listened to them all, giving time to each one. Their freedom grew as their stories were listened to and validated. The words of their songs penetrated our souls:

> *"When the poor believe in the poor,*
> *We will all be able to sing out loud, 'Freedom!"*
> *When the poor believe in the poor,*
> *We will build true fraternity..."*

Mesa Grande refugee camp.

What a wonderful celebration of the human heart! What a wonderful expression of the joy lived in hope.

Even though the soldiers were guarding the doors, holding the people back, the spirit of the people was flying in freedom. These people were really free to love. We will never forget their joy.

The hours passed very quickly, more than the two hours we had been permitted to stay. It was dark already. When we left, we were able to leave with no difficulty.

Two years later, I heard on the news that a peace treaty had been signed in El Salvador. The refugees could go back to their homelands. I sat alone in my room. I remembered, one by one, the faces of all these people, and honored their stories. Their laughter, their tears, their songs, their joy — these were all alive inside me. I imagined them walking in freedom, entering their beloved homeland, which, after so many years, could feel like a strange place! I could see them trembling with fear, even on this doorstep of freedom, yet reaching out for what they all longed to have.

CONSEQUENCES OF CHOOSING TO BE FREE ~ TO LOVE

We all have the ability to choose to be free to love.

Even though the road in our life may seem painful, this is because of the element of choice. Many of us have grown up becoming familiar with our own cages; and deciding to break free from those cages is not a comfortable experience. But God, in His / Her Eternal Wisdom, has destined each of us to walk through different stages during our life, stages that actually help 'set us up' for a new beginning. These stages are often what we designate as painful times in our lives, often challenging us to choose one path or another. By learning to integrate our successes and failures, from all the previous stages of our lives, we are able to make better choices.

Choosing the freedom to love, in every given moment, and in every new stage of our lives, has considerable consequences, including:

JOY...
It is hard to believe, but our society does not teach us to experience joy!

We grow up trying almost desperately to find happiness in all the external things; consequently, we experience a 'conditional' joy: *if we have this thing, then we can be happy*. Then, when we have it, we are already waiting for it to end! Whenever we experience each new difficult event, we block the possibility of experiencing joy because we are too busy trying to be ready for the next sad event. As a result, there are so many people who have not experienced joy at all; in fact, they no longer believe in it. They actually don't know how to enjoy life, how to live the moment to the fullest. They prefer to hold back, or even bury, any joyful expressions. And this becomes manifested in their withered faces.

If we are going to choose to be free to love, we will have to risk experiencing inner joy! Inner joy cannot be found through external achievements, but in the living out of the best abilities we have come to discover in ourselves. This type of inner joy is rooted in our own spirit. When our spirit is smiling, the deepest roots of ourselves get shaken, bringing about an experience of ecstasy.

This inner joy I am referring to is sublime. It touches the deepest part of our soul, the very center of our authenticity. This joy is not noisy; even its external expression can be tender and tranquil. But internally, the energy from this joy reflects that we have touched the divine.

Robert A. Johnson put it this way: "The root meaning of the word ecstasy is to stand outside oneself. If I say, *'I am ecstatic! I am simply beside myself!'*, I mean that I am filled with an emotion too powerful for my body to contain, or for my rational mind to understand. I am transported to another realm — where I am able to experience ecstasy." (*Ecstasy*, by Robert A. Johnson, Harper, San Francisco, p13).

So this joy, this inner joy, is beyond my rational mind and beyond my control. It becomes an experience of ecstasy when it is experienced in the deepest part of my being — there where the most noble of me, and the most personal, comes out with no limits. Even if such a joy seems too hard to *attain*, the truth about it is that it *exists*; and if we want to *experience* it, we can only do so by *choosing* it. We *choose* it by *choosing* to be free to love.

Think for a moment about the consequences you face when you choose to give another chance to the son who has failed so many, many times. You look at him, and into his eyes; you *choose* to continue giving him the love that hopes for all things, and endures all things. Then he leaves, grateful for that new chance. You hold within yourself an experience of peace that cannot be explained. Your friends and relatives all tell you, "You are weak! What are you doing?" But deep in your self, your own spirit smiles.
You chose to love...

Think about sharing yourself with the most significant person in your life, about not wanting to stop, how it feels as if 'all of you wants to be given'. You perceive the goodness of the person who brings out the very best in you, and you want to share everything with them: your dreams, your emotions, your goals, your feelings — with total spontaneity. Your heart explodes in the heart of the other person, yet she/he is real, is right there with you. You have touched what is eternal. You want to explain to that person the significance he/she has in your life, yet your words are not enough to explain. There is abundant joy inside you and it belongs to the realm of the divine.
You chose to love...

Think about a time when you knew that speaking certain words would cause discontent and might even endanger what you had built throughout the years. You knew that by speaking up, someone would walk away from you, some would accuse you, and even others would try to do you harm. But you stood within yourself; you knew that to be silent, to choose not to speak, would hurt those walking with you, who believed in you. Then, finally, you screamed loudly your words. You experienced many, many emotions, felt very unbalanced; yet, in the deepest part of your Self, you somehow knew "all is well". Without explanation, you felt great peace.
You chose to love...

This type of joy is indeed a consequence of choosing to love. It is experienced in a place where all other voices need to be silenced, so that we can enter into the mystery — the mystery that brings us the freedom that comes from choosing to love.

Freedom is for love. When this is experienced, then there is joy.

FULFILLMENT...

There is another consequence of choosing the freedom to love; it's the experience of fulfillment. This is the taste of something even greater that is yet to come! It is the experience of realizing that we are taking steps toward our fulfillment as human beings. To be free to love brings us to the heart of the things that will fulfill us. Just as joy helps us to experience the Divine, so fulfillment places us in the hands of the Divine.

"Come, blessed of my Father! Take possession of the kingdom prepared for you from the beginning of the world..." (Mt 25, 34).

The fulfillment we can experience in our lives is wonderful, yet it is just a small version of the final fulfillment we will experience before God. The fulfillment that can happen here and now is intended as a lure, to draw us into knowing the center of our own hearts. When we are choosing to love, we are actually touching the divine in what is human.

This is the goal of our growth as human beings.

This is also the road to freedom. And finding this freedom is the encouragement that we should all be giving to each other. Let us not cease in our search to be free to love! And as we meet each other on the same road, we *road companions*, let us hold out a hand, to help with the journey.

Like the bird in the cage, let's leave all the inessential *things* behind...

Most surely, *he* was made to f-l-y.
And just as surely — we were made to love!

Ellsberg, Robert; *ALL SAINTS*
The Crossroad Publishing Company New York 1997

González, Luis Jorge; *LIBERACION PARA EL AMOR*
Ed. Progreso, SA. México DF 1985

González, Luis Jorge; *FELICIDAD PROFUNDA*
(Según S. Juan de la Cruz) Ed. Font. Guadalajara Jal. México 1991

Johnson, Robert A.; *ECSTASY*
Harper San Francisco. 1987

Leclerk, Eloi; *SABIDURIA DE UN POBRE*
Ed. Sígueme Salamanca 1971

Rogers, Carl R.; *EL PROCESO DE CONVERTIRSE EN PERSONA*
Ed. Paidós Buenos Aires 1975

Ruiz, Salvador; *CAMINOS DEL ESPIRITU*
Espiritualidad Madrid 1978

Sanford, John A.; *INVISIBLE PARTNERS*
Paulist Press New York/Mahwah 1980

Kasper, Walter; *JESUS EL CRISTO*
Ed. Sígueme Salamanca 1976

Collaboration; *LA BIBLIA LATINOAMERICANA* *(Community Bible)*
Coeditan: San Pablo Ed. Verbo Divino

El Pájaro
en la Jaula
y
El Pájaro
del Bosque

~

EN BUSQUEDA
DE LA LIBERTAD

ENRIQUE CADENA

Dedicatoria

Dedico este libro con todo cariño a TODA la gente de la IGLESIA DE CORPUS CHRISTI en ROCHESTER NY, sin excluír a nadie, con quienes he caminado por varios años hasta ántes de los eventos de agosto de 1998.

Juntos, muchos de nosotros hemos decidido seguir un nuevo camino, en el que seguimos descubriendo el misterio de ser llevados por la mano de Dios. Confiamos nos está llevando a un "nuevo modo de ser Iglesia".

Espero que estémos donde estémos, busquémos el ser libres para amar.

Con cariño
Enrique

Prologo

Caminante no hay camino
se hace camino al andar...
A. Machado

Leyendo El pájaro de la jaula y el pájaro del bosque, pude entender qué ciertas son las palabras del poeta. Y qué cierto es el camino que Enrique Cadena ha escogido al ayudar a sus lectores a transitar la ruta del amor: venciendo temores, derrumbando barreras y llegando a practicar la verdadera caridad cristiana.

Sus escritos me ayudaron a entender la pequeñez del ser humano y a la vez lo que puede una fe insaciable transformar esta pequeñez.

Sus escritos son una guía espiritual. Son un legado de humanidad; son al final el significado del don divino del libre albedrío.

El Pájaro puede ser cualquiera de nosotros. La Jaula son las restricciones que cada uno nos imponemos en nuestro diario vivir al no dejar el espíritu volar, soñar, arriesgar y aceptar.

Estoy segura que el leer estos escritos, va a abrir camino a las almas ansiosas de volar, soñar y amar...

Clara Moreno
Editora y amiga

Agradecimientos

Especialmente quiero agradecer a quienes sabiendo que estaba silenciado me animaron a escribir recordándome que las historias tienen que ser compartidas. Los que siguieron confiando que tengo un mensaje que dar y que no debería de dejar encerrado.

Una vez terminado el manuscrito a quienes me ayudaron a corregir. *Clara C. Moreno*, Miguel Triana y Crimilda Rosario, que trabajaron en el manuscrito en Español.

Lee Vester, que trabajó en el manuscrito en Inglés.

~

Yelitza Serrano por su trabajo artístico.

A las pequeñas comunidades que me ayudaron económicamente para la realización de esta obra.

Y de una manera especial a quienes mantienen el espíritu de libertad para amar al estilo de Jesús el Señor y son los autores de estas historias.

Historia del pájaro en la jaula y
El pájaro del bosque

Había una vez, dos pajaritos recién nacidos que se disponían a aprender a volar. Fueron separados después de que un grupo de jóvenes trató de capturarlos. De inmediato hubo una persecución y uno de los pajaritos fué atrapado y el otro logró escapar hacia el bosque.

El pajarito que fue atrapado fué puesto en una bonita jaula que colgaba a las puertas de la casa de sus dueños. Estos lo alimentaban con gran asiduidad y esmero y se preocupaban de que nada le faltara al pajarito. Tanto era que su jaula adornaba bellamente la entrada de la casa.

El pajarito aprendió a echar saltos dentro de la jaula y volaba lo que podía alrededor de ella. Constantemente veía hacia el bosque como un lugar desconocido al que él soñaba podría alcanzar algún día. ¿Qué pasará en el bosque? ¿Cómo será la vida por allá? se preguntaba el pajarito pero se sentía satisfecho y tranquilo por la vida que tenía dentro de su jaula.

El otro pajarito creció en el bosque, y ahí aprendió a volar. Le encantaba levantarse por encima de las puntas de los árboles y contemplar el panorama. Le encantaba tener el infinito como meta para poder volar. No se sentía limitado por nada. Cuando era de noche se levantaba para contemplar la luna y cuando era de día volaba hasta perderse en el

atardecer. Ciertamente había descubierto que la vida no era fácil y que tenía que cuidarse de animales más grandes que podrían comerselo. Sabía que debería andarse con cuidado y tendría que luchar mucho para ganarse el alimento diario. Muchas veces pasaban días completos sin probar bocado. Por las mañanas se acercaba al coro de los demás pajaritos que unían sus voces para recibir el amanecer.

Un buen día, en uno de sus vastos vuelos cruzó cerca de la casa donde se encontraba la jaula con el otro pajarito. Se detuvo a distancia en un árbol contemplando la vida del pajarito de la jaula. Después de un rato, se acercó a platicar deteniéndose cerca de la jaula.

"Pero ¿qué haces aquí?, le preguntó al pajarito en la jaula."

Este le contestó: "Aquí es donde vivo. Sabes que tengo un amo que me cuida mucho, cubre mi jaula cuando esta lloviendo o cuando hay un fuerte viento y nunca me falta el alimento. No corro peligro pues mi jaula me protege de otro tipo de animales..."

"¡Pero no puedes *volar*!", interrumpió el pajarito desde fuera de la jaula.

"¿Volar?, ¡es verdad , no puedo volar!. Aquí en la jaula solo puedo dar brincos y pretender que alcanzo a levantar el vuelo. Pero no me preocupa mucho pues tengo todo lo demás..."

"¡Pero no puedes *volar*!", volvió a interrumpir el pajarito desde fuera de la jaula. "¡Tú fuiste hecho para *volar*, no para vivir en una jaula!. Mira tus alas están ahí porque definen tu propio ser, no puedes dejarlas morir a cambio de tener este mundo perfecto y seguro dentro de esta jaula. ¡Tú fuiste hecho para *volar* y ninguna jaula debe de contener ese deseo de levantar tu vuelo!".

"Pero ¿volar?, ¡me da miedo!. Nunca he ido al bosque, me aterra el pensar que me estrelle contra los árboles, que me pueda quedar sin comer al no

poder lograr volar bien y si me encuentro con otros animales que me persigan me pueden acabar. ¡Tengo miedo!, ¡el bosque en verdad me da miedo!. Creo que mejor me quedo en mi jaula".

El pajarito de fuera de la jaula, le dijo que regresaría a visitarlo y levantó el vuelo perdiéndose pronto detrás de los árboles. El pajarito dentro de la jaula lo vió alejarse y una gran nostalgia entró dentro de su corazón al ver la ligereza de su vuelo. Y pensó dentro de sí mismo: "En verdad me gustaría volar, tengo alas y estas fueron hechas para volar. ¿Cómo es que me encuentro aquí teniéndolo todo pero no puedo hacer para lo que fuí creado?. ¡Tengo que volar!".

Se quedó mirando hacia el bosque detenidamente como si una voz interior le estuviera llamando. Por primera vez se hizo consciente de que estaba en una bella jaula, pero *jaula* al fin y que ésta le impedía volar. Más que nunca empezó a realizar intentos de volar dentro de la jaula y cuando apenas sentía tener la velocidad necesaria se encontraba contra los barrotes de su jaula que le frenaban y lo hacían estar limitado. Hizo nuevos intentos y pronto se dió cuenta que todo su ser respondía al vuelo pero solo para encontrar que la jaula lo limitaba.

Desde ese momento, día tras día se pasaba observando al bosque y veía a los pajaritos que volaban en el bosque a quienes les gritaba para que se detuvieran y le platicaran del bosque. Y todos por supuesto hablaban de lo difícil que era vivir en el bosque. Su corazón se sentía dividido pues le aterraban las historias que escuchaba del bosque y sin embargo esa voz interna seguía resonando dentro de sí mismo: "En el bosque puedo volar, ¡fuí hecho para volar. Nada debe detener este deseo!".

El pajarito del bosque volvió muchas veces y le seguía contando sus historias y sus aventuras las cuales tenían de todo. El pajarito desde dentro de la jaula le preguntó:

"Dime, ¿cuál es tu secreto? ¿Cómo sobrevives en el bosque?..." El pajarito

fuera de la jaula lo miró detenidamente y suspirando hondo abrió sus alas en la totalidad y con una gracia exquisita levantó su vuelo diciéndole, "¡al volar soy libre, al volar soy plenamente yo!. No pienso ni en el bosque, ni en el peligro , sino que soy ¡LIBRE PARA VOLAR!".

En ese momento el dueño de la casa salió para depositar alimento dentro de la jaula para el pajarito siguiendo la misma rutina que siempre realizaba. Llenó un recipiente de alimento y uno de agua tal como era la costumbre. Abrió la puerta de la jaula y al estar metiendo el alimento... un fuerte estruendo se escuchó en el bosque. Tal pareciera que todos los pájaros del campo al mismo tiempo realizaran un vuelo. Como si fuera un llamado al pájaro de la jaula. El muchacho se descuidó y la puerta de la jaula quedó trabada con el recipiente del alimento. ¡La puerta estaba abierta!. El muchacho corrió hacia el bosque para ver qué sucedía y pronto se perdió entre la arboleda.

¡La puerta de la jaula quedó abierta...!

Con gran desesperación el pajarito se acercó a la puerta. Todos sus temores parecieron venir como un remolino que lo paralizaban y se sentía temblar ante la realidad que enfrentaba. Se detuvo en la *orilla*... Detrás de él estaba toda su vida en esa bella jaula a la que se había acostumbrado y en la que había tenido toda su seguridad. Delante de él estaba un mundo incierto, nuevo y lleno de peligros. Y en su interior resonó esa voz que solo él podía escuchar...

¡FUI HECHO PARA VOLAR...!

La Jaula

"Un nuevo rey gobernó a Egipto. Este no sabía nada de José, y dijo a su pueblo: Fíjense que los hijos de Israel forman un pueblo más numeroso y fuerte que nosotros; por esto, tomemos precauciones contra él para que no siga multiplicándose, no vaya a suceder que si estalla la guerra, se una a nuestros enemigos para luchar contra nosotros y así salir del país.

Entonces les pusieron capataces a los israelitas, haciendo pesar sobre sus hombros duros trabajos...

Los egipcios trataron cruelmente a los hijos de Israel haciéndolos esclavos, les amargaron la vida con duros trabajos de arcilla y ladrillos, con toda clase de labores campesinas y toda clase de servidumbres impuestas por crueldad".

(Ex. 1,8-11.13-14)

Capitulo 1

La Jaula

INTRODUCCION

Siempre me ha llamado la atención en las entrevistas de dirección espiritual y consejería que he desarrollado a lo largo de los años, el ver que pocos de nosotros nos damos cuenta de las jaulas o prisiones que hemos construido a nuestro alrededor. Caminamos por nuestras vidas tratando de crear un mundo seguro y confortable que se convierte en una fantasía porque tarde o temprano se destruye y nos encontramos en posiciones que nunca nos imaginamos. Estos momentos que tienen la característica de estar en medio de la inseguridad son verdaderos retos para el crecimiento de nuestra persona, de nuestra fuerza interior y de nuestra fe.

Es preciso poner atención a la "Sabiduría Eterna" dentro de nosotros que nos hace pasar por cambios, por etapas en nuestra vida en las que todo parece perdido pero es en este mismo tiempo que se realiza un nuevo empiezo.

Y digo que es preciso poner atención a la Sabiduría Eterna porque ninguno de nosotros conscientemente queremos cambiar. Ya que nos hemos estabilizado en nuestros propios éxitos o logros y que nuestros

caminos se han hecho familiares, el querer cambiar parecería ir en contra de nuestra misma naturaleza. ¡Cambiar es crecer!.

En la medida que nos quedamos instalados en el mismo lugar a nivel personal, a nivel de nuestras instituciones, a nivel de nuestras sociedades y culturas, a nivel de nuestras expresiones de fe, entonces bloqueamos el ritmo natural del universo por hacerse de nuevo. Todo el universo grita con dolores de parto. *"Pues la ansiosa espera de la creación desea vivamente la revelación de los Hijos de Dios".* (cfr. Rm. 8. 19 -22).

Entrar en nuestro interior es una de las cosas que más terror nos traen a nivel personal. ¿Quién soy yo? ¿En quién me estoy convirtiendo?. El constante análisis de mi persona y de los cambios que experimento es fascinante pero al mismo tiempo es lo que más temor trae a mi persona. Además en cada nueva etapa de mi vida estas preguntas vuelven a tener su sentido pues no somos ahora lo que antes fuimos. Y todos sabemos que con el crecimiento vamos haciendo nuestra história en la que tenemos nuestro lado oscuro y nuestro lado brillante y solamente en la medida que somos capaces de ir integrando nuestro lado oscuro es entonces cuando experimentamos plenitud.

No tenemos otra alternativa más que la de amar nuestra propia historia y hacer de ella una bella historia. A fín de cuentas todos hemos recibido elementos que no escogimos y que forman parte de nuestra personalidad. Muchos de ellos negativos que al paso de los años tenemos que vencer y otros de ellos positivos que con los años reconocemos como la herencia que nos ha dado vida. Muchos de estos elementos forman nuestras propias jaulas. Reconocerlos, aceptarlos y trabajarlos es la tarea del crecimiento y de la madurez.

> Te invito a que entres dentro de tu propia historia sin
> temor con la seguridad de que estaremos caminando
> hacia nuestra plenitud que es el lamento interior que
> nos mantiene inquietos y en movimiento.

HISTORIA

Hace varios años estuve facilitando el diálogo con una señora que sentía que su vida había perdido sentido. Sus palabras iniciales habían sido que su matrimonio era un desastre y que no soportaba a sus hijos que tenían la casa de cabeza. Su vida estaba llena de frustraciones y no sentía ninguna motivación para seguir viviendo. Vino a mí buscando una ayuda espiritual, buscando, como si fuera magia que yo le pudiera solucionar sus problemas. Pasé muchas horas escuchándola durante varias sesiones. Me reuní con toda la familia sólo para confirmar que había una tremenda disfunción en todos. Se habían refugiado en sus mundos internos para poder sobrevivir dentro del sistema familiar. Seguí trabajando con ella después de haber identificado que efectivamente ella era quien podría realizar cambios.

Así que un día en plena sesión en la que ella estaba quejándose de todo y especialmente de su esposo, la interrumpí y le dije: "Tal parece que has llegado al momento definitivo; tu vida no puede seguir así. Todo indica que tienes que dejar a tu esposo y seguir un camino que te haga renacer. Mientras tú no tengas la capacidad de hacer tuya tu propia historia sin estar culpando a otros de lo que te pasa no podrás vivir con una motivación y realizarte como persona".

Ella se sorprendió de lo que le dije, y me contestó extrañada: "¿Qué no se supone que usted deba defender el matrimonio?. Además ¿qué puedo hacer?, siempre he vivido así. No tengo a donde ir y no tengo nada que hacer. Es verdad que no soy feliz pero no tengo otra alternativa".

En las siguientes sesiones con tristeza vi que ella optó por quedarse en una situación poco sana para ella y para todo el sistema familiar porque era más facil quedarse ahí que pensar en el riesgo de intentar un cambio. Su familia ya no tenía signos de familia pero ella dijo que era su familia a fin de cuentas.Nuestras jaulas estan decoradas y adornan nuestras vidas pero son jaulas a fin de cuentas.

Pasaron varios meses y esta señora volvió a verme. Inmediatamente noté que su expresión era más viva y su vestido con más colorido. Me dijo: "Usted tenía razón. Cuando tomé la decisión de cambiar le dije a mi esposo que no seguiría igual. Ni él ni mis hijos lo creyeron al principio pero cuando me vieron decidida a dejar la casa todos cambiaron. Tuve que vencer mi miedo a lo que pasara y fué cuando todo cambió".

Permanecer en los lugares que estamos sabiéndo que ya no son sanos para nosotros ni para las personas que nos rodean, es escoger la muerte en nuestra propia jaula.

Enfrentar nuestros retos y buscar cambiar es crecer dando a nuestras vidas un nuevo impulso. La motivación que tengamos es lo que nos dará la fuerza para arriesgar y caminar hacia adelante.

En la experiencia que tuve con esta señora descubrí que ella había ya perdido su motivación y por lo tanto intentar cambiar era como enfrentar a un elefante que la aplastaría. Cuando vemos así nuestra vida estamos derrotados antes de la batalla.

Es preciso en estos momentos entrar a lo profundo del yo. Al centro de nuestro ser y ahí encontrar nuestra motivación. Esto es lo que nos dará la fuerza para seguir cambiando en la búsqueda de ser nosotros mismos. Esta fuerza es la fuerza que viene de Dios, es la fuerza interior que todos hemos recibido como Hijos de Dios.

LOS MENSAJES FAMILIARES

Todos sabemos que no existe la "familia perfecta".

Sabemos también que los elementos más importantes para la construcción de nuestra persona son comunicados a través de la figura paterna y materna en nuestros primeros años de crecimiento. Esto nos

pone ante una de las tareas más grandes de nuestra vida.

A lo largo de nuestras diferentes etapas seguiremos reconociendo la bondad o la negatividad de los mensajes recibidos en nuestras familias. Si estos mensajes están cargados hacia el lado de la bondad de las figuras de papá y mamá entonces nuestras personalidades han sido agraciadas con mensajes que nos constituyen herederos de una capacidad de integración con nosotros mismos. Nos capacitan a vivir más integralmente ante el mundo que nos rodea. Soy muy consciente que éste es el ideal. Pero en realidad todos sufrimos deficiencias en estos mensajes familiares debido a los diferentes dinamismos inesperados que han sucedido en nuestras familias y que nos hacen crecer con las carencias de esas imágenes paterna o materna.

¿Cuántas veces nos encontramos como adultos tratando aún de ganar el aprecio del papá que nunca nos puso suficiente atención cuando éramos pequeños?. ¿Cuántas veces seguimos descubriendo que nos cuesta trabajo creer en nosotros mismos y afirmar nuestra bondad simplemente porque sentimos que papá o mamá amaron más al hermano o hermana menor que a nosotros?.¿Cuántas veces seguimos temblando ante las expresiones de afecto que se nos dan simplemente porque en nuestra familia el afecto no se expresó con libertad y se consideraba una cosa privada?.¿Cuántas veces como adultos seguimos teniendo un corazón muy protegido que no expresa sentimientos ni se le permite ser vulnerable simplemente porque no tuvimos al papá o mamá que nos repitiera con palabras y acciones lo fabuloso que era tenernos en sus vidas, amarnos, besarnos y sentirse felices por habernos traído a la vida?.

Si éstas son algunas de las deficiencias en lo que llamaríamos la familia "normal". ¿Cuánto más encontramos en las familias en donde uno de nuestros padres estuvo totalmente ausente? Y esta ausencia nos marcó seriamente, hiriendo nuestros comportamientos ante los demás. Más difícil aún cuando enfrentamos el caso de las personas en donde el alcohol o las drogas lastiman a esas familias creando relaciones de

dependencia que se extienden más allá del círculo familiar.

Es por esto que todos en medio de los mensajes que hemos recibido, podemos reconocer nuestras jaulas, prisiones de las que tenemos que liberarnos en la medida que estamos creciendo en nuestra capacidad física, psicológica y espiritual para hacerlo. Podemos decir que los mensajes recibidos en nuestras familias en nuestros primeros años de crecimiento, es el "equipaje" que hemos recibido para enfrentar nuestro mundo. Este se nos dió gratuitamente. Nadie de nosotros lo pedimos pero está ahí. No podemos rechazarlo y pensar que no existe pues seguirá actuando en nosotros aunque no queramos influyendo en todas nuestras decisiones y nuestros comportamientos, algunos de los cuales pueden ser totalmente destructivos.

Sin embargo es importante pensar que aunque nuestros padres no hayan tenido conciencia de lo que enfrentarían al traernos a la vida, *el habernos dado la vida es nuestro primer don*. El desarrollarla y hacerla auténticamente vida es nuestra tarea.

En algún lugar escuché estas palabras que me han gustado mucho...

Cuando somos niños pensamos: *"Mi papá es lo máximo, es el mejor de los papás; nadie puede ser mejor que él, es mi héroe. Si otro niño me dice que su papá es un capitán yo le digo que el mío es un coronel. Si otro niño me dice que su papá tiene un automóvil yo le digo que el mío tiene dos. Si otro niño me dice que su papá le dió muchos besos antes de irse al trabajo yo le digo que el mío me dió muchísimos más. Siento que no puede existir ninguno mejor que mi papá".*

Cuando entramos a la adolescencia pensamos: *"Mi papá se esta haciendo viejo, no me entiende, le trato de explicar algo y me sale con otra cosa, me dice que vivo en otro mundo. Además siempre me esta regañando. Parece que sólo me dirije la palabra para reclamarme algo. No me deja ser el que soy, no le quiero ni decir nada porque luego*

luego se enoja. Si le digo que voy mal en la escuela parece que arriesgo mi cuello. Y sólo porque pongo mi música un poco fuerte me dice que estoy a punto de tirar la casa, que parece que estoy sordo. Siento que encuentro mejor refugio con mis compañeros. Necesito estar con ellos aunque a decir verdad también me aburren. Mi papá los trata muy mal y siempre me anda diciendo que tengo que tener cuidado a quien escojo como amigo. Simplemente mi papá no sabe ser actual ya pasó de moda".

Cuando nos hacemos jovenes pensamos: *"Ya puedo hacer las cosas por mí mismo; tengo que mantener distancia de mi papá y hacerme responsable de mi propia vida. Puedo consultar algunas cosas con él pero lo mejor es no dejarlo que se meta en mis cosas. Algunas visitas para no perder la relación serán necesarias pero lo menos que pueda platicar de mi vida será mejor. Mi papá sigue queriendo dar indicaciones y marcar la dirección de mi vida, no deja de querer controlarme no se da cuenta que ya puedo solo aunque es verdad que algunas veces necesito saber qué piensan de lo que estoy haciendo. Mantener distancia de él es lo más sano que puedo hacer".*

Cuando nos hacemos adultos entonces pensamos: *"Mi padre tenía razón. Muchas cosas que me decía ahora las veo con claridad. Rechacé durante muchos años a mi papá pero ahora pienso que fué bueno tenerlo. Puedo ver muchas cosas de su personalidad en mí. Creo que he llegado a entenderlo y a quererlo como nunca lo quise. ¡Qué bueno que soy como mi papá!".*

Estas palabras reflejan un proceso de integración de la figura paterna. A través de los años vamos identificando que de hecho llegamos a reproducir la imagen del mismo papá y de la mamá en muchas de nuestras actitudes. Lo que antes nos parecía amenazante resulta ser un fundamento de nuestra misma personalidad. Aquellos comportamientos que rechazábamos en nuestros padres resultan ser aprendidos por nosotros. Nos forman al grado que repetimos esos comportamientos que

son en verdad lo que recibimos.

He tomado a propósito el ejemplo del papá porque es muy extraño encontrar personas que tengan una imagen paterna positiva. Me atrevo a decir que unas de las heridas más graves en nuestra personalidad son las causadas por la imagen paterna.

En muchos casos es una total ausencia. En otros casos siempre estuvo ahí pero la falta de expresión de sentimientos y de falta de diálogo constructivo han marcado a la persona. Y aún en los casos más afortunados la imagen es tan fuerte, que poder integrar de una manera liberadora esa influencia es todo un reto.

Es por eso que áquello que es la verdadera base de la formación de nuestra personalidad puede llegar a ser también una forma de permanencia en una jaula.Mi propia persona creo que es un ejemplo de esta realidad.

Yo me siento muy afortunado de haber tenido el papá y la mamá que me trajeron a la vida. Y de una manera especial mi relación con mi papá es algo que veré siempre como un regalo. Soy el de en medio de tres hermanos. Me tocó tener más cercanía a la personalidad de mi papá, lo cual él identificó inmediatamente marcando una tremenda preferencia por mí. De pequeño esto me hizo tener una gran confianza en mi papá, él se hizo mi héroe. Dos recuerdos de esta época se han quedado conmigo de una manera especial:

"Salíamos del cine, la película había tenido a una muchacha huérfana que buscaba un hogar (Tammy). Por supuesto a mí me había gustado la muchacha. Así que le propuse a mi papá. "¡Oye vamos invitando a Tammy a quedarse con nosotros!". Mi papá me escuchó y con gran respeto a mi sentimiento me dijo: "Mira, Enrique, es muy difícil. Tammy vive muy lejos y lo más probable es que ya tenga novio. No creo que podamos traerla con nosotros". Me quedé pensando por un

rato y luego volví a insistir. "¡Ya sé que hacer; le mandamos unas florecitas y verás que sí se viene a vivir con nosotros!". Mi papá sonrió y me dijo que lo intentáramos".

Este recuerdo me hizo ver al papá amigo. Tuvo tiempo de escucharme sin criticar mi pensamiento; fué capáz de ayudarme a crecer en mis sentimientos. Desde ese momento he sentido tener la libertad de expresar lo que siento y sin temores, lo que ha formado mi carácter de una manera preponderante.

El segundo recuerdo que tengo de la infancia con mi papá es este:

"Recuerdo a mi papá decirnos a mi hermano Ignacio y a mí que nos preparáramos porque iríamos a la montaña a cazar a un león. Inmediatamente el ambiente de ánimo y entusiasmo llegaba a mí. Me preparaba buscando algún trozo de madera con cual defenderme de ese león y el deseo de ir a la aventura me invadía. Caminaba agarrado de la mano de mi papá quien nos llevaba a la fabulosa montaña donde enfrentaríamos al león. Esta no era otra cosa que una pequeña loma deshabitada no muy lejos de la casa en donde vivíamos. Por supuesto nunca vimos al león pero yo vivía ese momento como la más grande aventura que me podía pasar".

En este recuerdo fundamento ahora el sentido de aventura que ha marcado mi vida. Mi cariño por las montañas y por toda la naturaleza es algo que ha crecido en mí. Además la seguridad que tengo cuando salgo a enfrentar lo desconocido me hace sentir que estoy siempre agarrado de la mano de alguien que me protege.

Es verdad que en el fundamento de mi personalidad está la gran amistad de mi papá. Estos recuerdos y muchos más que tengo han sido la bondad que él compartió conmigo. Pero ha sido esta gran amistad y la tremenda preferencia que marcó conmigo en frente de mis hermanos que se ha convertido en la parte negativa que he tenido que superar...

Me convertí en el hijo dorado cuando decidí entrar al seminario y hacerme sacerdote. Mi papá había estado en el seminario y salió solo unos años antes de la ordenación sacerdotal. Me convertí en el que seguía sus pasos y él se vió reflejado en mí. La presión para mí creció inmensamente pues con el tiempo me di cuenta de lo mucho que él sufría si yo hacía algo que amenazara mi sacerdocio. Mi papá, mi gran amigo y quien me había dado mi corazón aventurero era también quien ejercía la más grande presión en mi persona. Con el peligro de que dejara de ser el que soy sólo para cumplir su gusto. El reto estaba ahí delante de mí pues había construido mi propia jaula.

Ha sido un largo camino para mis hermanos el ver el cariño de mi papá hacia ellos. Nuestra buena relación como hermanos ha salvado la situación. Para mí el ser simplemente el hermano y no solo el preferido del papá me ha hecho romper mi jaula.

Mi papá falleció en Marzo 4 del 98. Mi mamá y mis hermanos hemos logrado salvar los mejores recuerdos de él. Ahora con toda libertad , fuera de toda jaula puedo decir: "¡Qué bueno que soy como mi papá!".

Padres de Enrique, Cecilia e Ignacio.

Todos aún en las situaciones más positivas de la
vivencia de las imágenes paterna y materna tenemos
que enfrentar la bondad compartida y las carencias
recibidas. Ahí puede estar una de nuestras más
grandes jaulas.

LOS MENSAJES CULTURALES-SOCIALES

Nuestra cultura es otro elemento que marca profundamente nuestra
personalidad sin que podamos evitarlo. Enmarcada sobre todo por
nuestro medio ambiente y sus retos, nuestra sociedad y sus valores que se
traducen en costumbres que todos reproducimos; las ideologías del
momento que marcan nuestras líneas de pensamiento y nuestra
religiosidad que es nuestra capacidad de trascendencia.

Es increible el pensar que podamos convivir en un mundo que tiene una
gran diversidad de culturas. Ahora por los medios de comunicación, la
gran movilidad que existe en la gente y debido al tremendo desbalance de
la repartición de los bienes, todo está a nuestro alcance. Es en esta nueva
realidad donde tenemos que encontrarnos conviviendo con gente de
diversas culturas; que se nos reta a reconocer nuestra propia riqueza
cultural y la jaula en la que se puede convertir.

Nuestra cultura es otro de los regalos que recibimos en la medida que nos
hacemos seres sociales. Todo lo que nos rodea ejerce una tremenda
influencia en cada uno de nosotros y nos va formando. Empezamos a
recibir mensajes en nuestra personalidad al entrar en contacto con el
medio ambiente. El lugar geográfico con su clima imprime en nosotros
una serie de características que son inmediatamente asimiladas en
nuestra persona. Los retos que el clima nos impone marcan nuestra
manera de ser y nos hacen constantemente encontrar un reacomodo ante
estos cambios. Sin embargo es importante descubrir la forma en la que
nuestro lugar geográfico ha influenciado nuestra personalidad. En

nuestro mundo actual podemos entrar en contacto con gentes que se han desarrollado en la orilla del mar o en la montaña; en zonas rurales o en grandes ciudades, con gente de clima caliente y de clima frío. El reconocer nuestras diferencias es un gran regalo. La forma en la que nuestros comportamientos se ven retados cuando estamos en un clima diferente.

Para mí ha sido fabuloso al trabajar con la gente, darme cuenta de estas influencias del clima en nuestra personalidad. Esto me hizo aprender y estar abierto a las personas. Por ejemplo, comparto esta experiencia contigo...

Yo crecí en la parte central de México en la gran ciudad. Estando aquí nunca había percibido lo agresivo y aislado que nos convertimos en las ciudades. Caminamos con la desconfianza en los demás y siempre a la defensiva. Noté que aunque estamos con la gente no hablamos mucho y se desconfía siempre del extraño. Con los vecinos se platica lo esencial y siempre se escoge a las personas a quienes se les invitará a entrar a la casa. El clima de la ciudad de México tiende a ser templado con tiempos de frío en el invierno.

Pero al ser ordenado fuí a trabajar al Sur de México en el estado de Tabasco en la parte cercana al mar. La diferencia que me encontré con la gente fué muy marcada. El lugar es tan caluroso que todo esta abierto, la gente es tan espontánea y abierta que parecía que nadie era desconocido. Todo se sabía en el pueblo. La forma de vestir es tan abierta al igual que las casas, que uno puede entrar hasta la cocina, abrir el refrigerador y sentarse a comer el primer día que lo están conociendo. Las relaciones humanas por ser tan abiertas tendían a ser más superficiales y la capacidad de interiorización era más difícil. La mayor parte del trabajo se desarrolla en la madrugada y la socialización en la noche. A la mitad del día es tan caluroso que todo se detiene.

No tardé mucho en darme cuenta que si yo esperaba una respuesta de esta gente al igual que la gente del centro de México estaría

caminando a mi propia frustración. Tuve entonces que adaptarme a ellos y cambiar. Sin dejar mi propia manera de ser me dispuse a una mayor aceptación de esta gente en mi persona.

Esto fué solo a nivel geográfico y climatológico. Pero cuando entramos a las influencias sociales es donde encontramos más dificultades para poder cambiar.

La sociedad en la que nos movemos nos manda una serie de mensajes que son recibidos e integrados en nuestra persona. Todos quisiéramos que el valor que se nos diera en nuestra sociedad fuera el del "bien común". Es un ideal el que pudiéramos sentir que al crecer y relacionarnos con nuestra sociedad aprendiéramos a vivir buscando el bien de todos. Creando un mundo en el que se busca la igualdad y el respeto a todo ser humano. Sin embargo aunque estas palabras están en la base de toda sociedad la realidad que nos encontramos es otra. Enfrentamos a diario injusticias hechas por el abuso del poder, el acaparamiento de los bienes de producción en manos de unos pocos con la consecuencia del empobrecimiento de las mayorías. La manipulación de la información y control de las ideologías que ejerce silencio y crea violencia. Y es así que podemos hasta decir que hay sociedades enfermas y cuando se descubre que el valor reinante en una sociedad es el materialismo podemos hablar de la *"sociedad de la muerte"*.

Desgraciadamente estos son algunos de los mensajes que hemos recibido y que se han integrado a nuestra personalidad. Nos forman , nos influyen pero pueden ser causa de nuestra muerte interior.

Aprender a relacionarnos con personas que han crecido en otras sociedades diversas a la nuestra implica el saber reconocer lo bueno y lo malo de nuestra propia sociedad que entrará en conflicto en nuestras personalidades.

"Hace varios años el P. Jim y yo hospedamos a un joven de Honduras

en nuestra casa de Rochester en NY. Su nombre es Bethel. El había cruzado desde su país ilegalmente buscando llegar hasta Canadá en donde esperaba encontrarse con un mejor futuro. Hizo trece intentos de entrar a Estados Unidos ilegalmente. Todas ellas arriesgando su vida; todas estas veces fué detenido por inmigración y enviado de regreso. Su gran determinación lo hizo seguir intentando. Finalmente, la decimocuarta vez logró pasar y por medio de conexiones llegó hasta nosotros. Un domingo ví a Bethel totalmente inmerso en el periodico dominical que aquí en Rochester trae todas las ofertas de las tiendas. Me quedé contemplando a Bethel, que viniendo de un poblado pequeño y pobre de Honduras, estaba maravillado con todas las ofertas. Parecía como si una voz en ese periódico le estuviera diciendo: "cómprame, cómprame... y serás feliz". Entonces me senté a su lado y le dije: " Bienvenido a Estados Unidos, pero cuidado porque tus ojos van a danzar con tantas cosas a tu alrededor que nunca has visto y que son como un engaño. Todo esto es una manera de vivir aquí que intenta crear necesidades que en verdad no tienes. Se llama consumismo. La felicidad que todo lo material te propone es una felicidad falsa. Es tan fuerte el impacto que se llega a una competencia entre vecinos y amigos para ver quien tiene más. Bethel, no pierdas tu cultura ni tus valores de una vida simple. Trata de mejorar y trabajar duro para crecer pero no dejes que el consumismo y el materialismo que hay detrás mate tu espíritu".

Las conversaciones que tuve con Bethel fueron muchas y muy largas durante el mes que vivió en nuestra casa. Todas ellas tratando de preservar los valores que él traía y que ahora se veían retados por otra cultura. Juntos nos hicimos conscientes de la gran individualidad y violencia que marcan esta cultura. Así como también de los valores de una lucha por la libertad, por la igualdad y dignidad de todo ser humano, especialmente de la mujer en esta sociedad. Juntos reconocimos que en esta cultura como en todas estaba "todo lo bueno pero también todo la malo".

Los valores proyectados en nuestra sociedad van creando costumbres en

nuestro modo de vida. Es así que podemos hablar de que creamos un estilo de vida. Hacemos costumbre de como gastamos nuestro dinero, los entretenimientos que tenemos, las formas como decoramos nuestra casa, nuestra manera de vestir, la cantidad de veces que comemos fuera de casa en restaurantes etc. Estos estilos de vida en si mismos no tienen dificultad. El problema empieza cuando sentimos que no podemos dejarlo o simplificarlo que se ha hecho parte de nosotros. Muchas de estas costumbres se convierten en tradiciones que vamos reproduciendo por generaciones y hacen nuestra cultura.

Estas costumbres nos influyen de tal manera que podemos decir que "somos hijos de nuestro tiempo". Para nosotros la tarea es el reconocimiento de los valores que se encuentran detrás de nuestras expresiones culturales que nos permitan entrar en relación con otras personas y otras culturas y saber reconocer y ser reconocidos por esos valores.

Es en estas costumbres, diferente de nuestros valores, y en nuestra incapacidad de reconocer los valores de otras culturas, que podemos vernos atrapados en una gran jaula.

Para mí que he convivido y he llegado a querer a tanta gente de Estados Unidos, es triste el seguir viajando a otros lugares y encontrarme con la imagen del "gringo" que se encuentra por todos lados y en todos los paises, y se ha hecho el estereotipo. "El Norte Americano exige ser servido. Critica todo lo que no es como en su país (por supuesto refiriéndose a las comodidades que goza). Se mantiene a distancia de la gente ordinaria permaneciendo en lugares que son sólo accesibles para los turistas". La gran jaula que puede causar nuestra misma cultura al impedirnos entrar a otro mundo cultural y sentirnos parte de él.

El tercer elemento que es parte de nuestra cultura y que marca una influencia tremenda en nuestra personalidad es la ideología. Con esto me refiero a la corriente de pensamiento que influye en nuestro tiempo y que

nos vemos afectados por ella.

Estamos en el tiempo de la comunicación. La información que se transmite por los medios de comunicación realiza un bombardeo diario a nuestras mentes. Sería ingenuo de nuestra parte el pensar que no existe una ideología detrás de todos los mensajes que se nos dan. Así que también esta área requiere de nuestro trabajo. Tenemos que aprender a leer "críticamente" la información que se nos da, lo cual constituye la identificación de las ideologías que se encuentran detrás. Todo trae consigo una corriente de pensamiento.

Piensa un momento en el rato que te sientas en tu sala de televisión para descansar y entre programa y comerciales ¿cuáles fueron los mensajes que se te dieron?:

"Es tarde, esta oscuro y hace frío. Es una de esas típicas noches de invierno en las que te refugiaste temprano en tu casa. De repente en la televisión aparece un comercial con gente joven en traje de baño brincando y bailando en una playa con el mar azul. Estan tomando cerveza, ríen y tal parece que están pasando un rato muy agradable. En menos de un minuto pasó el comercial... Te dejan sintiendo que no hay playa soleada para tí ni mar azul y quisieras reír y bailar pero no sucede, lo único que tienes al alcance es la cerveza, así que automáticamente te levantas y destapas tu cerveza. Te imaginas que esto alejará la miseria de tu noche".

Estos mensajes se llaman subliminales y te llegan a niveles de reacción casi inconsciente. Estos han sido cuidadosamente planeados y ensayados para crear necesidades en cada persona. Cuando pensamos que estamos eligiendo la cerveza no somos conscientes de que el comercial ha hecho su efecto en nosotros. No es difícil identificar la jaula que se empieza a construir cuando somos bombardeados por este tipo de imagenes.

Más difícil es cuando nos encontramos ante ideologías que inundan toda

nuestra forma de vida. Estas eran más fáciles de identificar cuando nuestro mundo se había dividido entre "mundo Capitalista y Comunista". Entre "Primer mundo y Tercer mundo". Entre "Conservador y Liberal". Entre "Demócrata y Republicano". Pensamos que encontrando al opuesto era más fácil de definir dónde estamos y esto mismo se ha convertido en nuestras jaulas. Mientras se vió al mundo comunista como el enemigo fué muy fácil definirnos en contra de ese sistema social. Lo condenamos y le encontramos todas sus fallas y cuando se desplomó nos alegramos. Pero pocos hemos continuado denunciando que en el capitalismo también esta la muerte.

Los valores con los que queremos fundamentar nuestra sociedad deben estar presentes en todo lo que hacemos pero no podemos dejar de ver los extremos en los que podemos caer. La teoría de la "Defensa Nacional" puede hacernos ver al resto del mundo como nuestro enemigo. El valor de defender la vida desde el vientre de la madre puede llevarnos a matar a quienes no lo hacen. Las teorías del "Neoliberalismo" en la organización de la sociedad pueden llevarnos a concentraciones del poder económico en unas cuantas firmas que se hacen tan poderosas que destruyen al pequeño comercio. La teoría de la "Supremacía de una Raza" por encima de otras nos puede llevar a guerras más destructivas de las que ya hemos visto.

Una lectura crítica de lo que se nos da, y de los acontecimientos de nuestro mundo nos ayudará a seguir buscando que nuestra ideología sea liberadora, integradora y respetuosa del ser humano. Un análisis crítico de los signos de los tiempos tan cambiantes nos ayudarán a no empequeñecer nuestras corrientes de pensamiento y seguir abriéndonos y cambiando enriqueciendo nuestra cultura con la novedad de otras más.

Se ha dicho que estamos en el tiempo del "Multiculturalismo" en donde la riqueza que nos ha constituido se encuentra conviviendo y compartiendo con otras culturas. Es aquí que enfrentamos la posibilidad de liberación de nuestras propias jaulas al permitirnos ser tan diferentes

y pensar de una forma tan diferente y sin embargo poder vivir en los mismos espacios.

LOS MENSAJES RELIGIOSOS

He reservado una parte especial a los mensajes religiosos que forman nuestra personalidad debido a la gran importancia que estos tienen en nuestra formación interior.

Se podrían considerar dentro de los elementos que forman nuestra cultura pues nuestra religiosidad y sus expresiones son elementos que bebemos dentro de nuestro propio ambiente cultural. Es aquí donde situamos nuestro despertar a la dimensión de fe. El descubrimiento de ese Absoluto más allá de nosotros mismos. Principio y fin de todas las cosas. Ese Alguien que es centro del universo y motor de lo más profundo de mi propio ser. Ese Alguien que me hace seguir buscando y es al mismo tiempo encuentro cercano, experiencia real. Ese Alguien a quien puedo reconocer en todo lo creado y al mismo tiempo sigue siendo inagotable e incomprensible. DIOS.

De la experiencia que tengamos de Dios se desprende nuestra búsqueda de sentido en todo lo que somos y todo lo que hacemos. Es aquí donde entramos a la percepción de nuestra limitación humana y nuestra finitud. Y es a partir de nuestra experiencia de Dios que dirigiremos nuestro actuar ético-moral .

Pero es en esta experiencia tan central en la vida del ser humano que encontramos que los mensajes religiosos que forman nuestra experiencia de Dios pueden llevarnos a una auténtica liberación-plenitud de nuestro ser o pueden ser los mensajes que nos oprimen y condenan, imprimiendo en nosotros una carga de culpabilidad que difícilmente podemos separar de nuestras vidas.

Nuestra experiencia de Dios es alimentada por nuestras prácticas

religiosas, pero estas en cuanto tal no necesariamente nos dan la experiencia de Dios. Por lo tanto tendrémos que descubrir en nuestra experiencia de Dios un proceso de madurez en la fe que pasa por diferentes estratos en los que las expresiones religiosas pueden ir cambiando.

Te invito a que entres en tu propia historia y te sitúes en tu propio proceso de fe. Creo que todos pasamos por la etapa de aprendizaje en donde empiezan estos mensajes religiosos a quedarse con nosotros.

Entre los recuerdos de mi infancia tengo muy presente los domingos en mi familia:

" ¡Vámonos a Misa, levántense y apúrense!. Mi papá era el primero en estarnos recordando que era tiempo de ir a la Misa. Nadie de nosotros podía decir lo contrario, así que todos nos poníamos en movimiento y llegábamos a ese lugar tan misterioso para mí donde un grupo de gente se congregaba detrás de una persona que hacía una serie de cosas dándonos la espalda y hablaba en Latín. Yo no entendía pero me gustaba como sonaba y hasta repetía algunas frases que se me iban quedando. Cuando mi hermano menor Benjamín se ponía inquieto y empezaba a gritar, yo siempre me ofrecía como voluntario para llevarlo afuera y así poderme salir de la Iglesia"

Fué de esta manera que el primer mensaje religioso fué para mi: "había que cumplir con el precepto dominical de ir a Misa y si no lo hacíamos era pecado". Todo esto no lo entendía pero sonaba terrible para mí

Otra de las costumbres que mi papá inició en la casa es que aún después de ir a misa él tomaba la Biblia y nos llamaba para contarnos historias de Jesús. Yo trataba de esconderme de mi papá lo cual era imposible así que tenía que escuchar su predicación. Esto puso un mensaje diferente en mi experiencia pues poco a poco me fuí

encontrando con el rostro de Jesús lo cual hizo que mi experiencia religiosa fuera cambiando.

Mis años en el catecismo fueron malos pues mis maestras se encargaban de enseñarme oraciones en lugar de ayudarme a encontrar al amigo Jesús que le daría sentido a mi experiencia religiosa.

Durante todo este tiempo de crecimiento mensajes tales como: "si haces esto... es malo y Dios te va a castigar". Todo mi actuar parecía estar vigilado por un Dios listo a castigar. Generalmente estos mensajes fueron reforzados por el sacerdote que cuando ya pude entender lo que decía era solo para gritarnos y amenazarnos de una gran condenación que sucedería en la vida eterna. Una de mis peores experiencias sucedió pocos años después de mi primera comunión:

"Llegué a la iglesia manejando mi bicicleta en el tiempo de las confesiones. Me detuve en la fila de los que se confesarían tratando de recordar mis pecados. Me sentía tan nervioso que mis piernas temblaban. Llegó mi turno y me arrodillé en frente del sacerdote quien me sorprendió pidiéndome que recitara una oración de arrepentimiento que yo no había practicado. Con mi nerviosismo intenté decir la oración lo cual no pude y el sacerdote en un momento de furia me pegó en la cabeza y me rechazó mandándome a repasar la oración para poder realizar la confesión. Me sentí tan enojado y avergonzado por el sacerdote que salí diciendo que jamás volvería yo a esa iglesia".

Las religiosas que dirigían la escuela o ayudaban en la parroquia parecían ser las mensajeras del castigo que nos sucedería cada vez que nos portabamos mal.

Cuántos de nosotros tenemos imagenes de la religiosa como la de una persona que renunció a la vida normal para entrar a un estilo de vida que le quitaría su alegría y le daría la fuerza moral de regañar a todos

imponiendo leyes con un rostro endurecido. Algunos de los contactos con ellas era para la recitación de oraciones y las formas de comportamiento dentro de la iglesia lo cual dejaron en muchos de nosotros la impresión de que la iglesia era un lugar de silencio y devoción. Yo las veía como quienes habían elegido una vida en la que se dedicarían a la oración y ¡hasta se decía que se habían casado con Jesús!. Esto creó en mi el ver a las imagenes del sacerdote y de la religiosa como imagenes de castigo, de disciplina, de orden, de cumplimiento de normas. El mensaje del amor parecía estar totalmente ausente.

¿Cuántos de nosotros hemos pasado por similares experiencias? ¿quizás más traumáticas que estas?, guardando en nuestro interior un sentimiento de culpabilidad que nos acompaña en todo momento. Por lo tanto creo que muchos aprendimos primero la norma, la ley antes de habernos encontrado con el rostro del Dios amor. Aprendimos primero las disciplinas y las oraciones sin tener la experiencia del encuentro con el Dios amor, tierno y misericordioso, amigo y accesible.

Pero es verdad que no todas las imágenes del sacerdote y de las religiosas es negativa. Por supuesto siempre hay aquellos personajes que en verdad nos compartieron el rostro humano y bondadoso del Señor haciendo valedera esta vocación. Para mí muchos de los mensajes religiosos positivos vinieron a través del sacerdote amigo. El sacerdote del grupo de jóvenes de mi pueblo, el P. Samuel, sonriente y actual, que nos llevaba a todos en su pequeño carro y cantaba los cantos que nos gustaban. Se sentaba a platicar con nosotros afuera de la parroquia y nos hablaba de las relaciones de noviazgo y del respeto que teníamos que tener el uno con el otro. Este sacerdote amigo reflejó para mí el rostro bondadoso y amigable de Jesús haciéndome crecer en mi fe al mismo tiempo que me abría en el amor a otros como adolescente.

Gracias a él, empecé a descubrir que Dios estaba presente en mi vida en mi capacidad de amar como amigo, en mis sentimientos de afecto que

llenaban mi vida de alegría. Pero este era sólo el principio de mi caminar en la fe, pues ahora sentía haberme encontrado con el rostro de un Dios cercano y amigo pero me faltaba aún más.

Fué en estos años de adolescente que con el grupo de jóvenes de la parroquia salimos toda una semana fuera de la ciudad de México a una área muy pobre en donde realizaríamos una misión. Era la primera vez que mis padres nos dejarían a mi hermano y a mí pasar días fuera de la casa. En el grupo irían varias muchachas así que se convirtió para mí en la gran aventura. Y fué durante estos días que sucedió un acontecimiento que marcó mi vida para siempre.

"El grupo de jóvenes nos había invitado a un juego de volleyball y esto sería el gran acontecimiento en el pueblo. Todos estabamos muy animados y entonces una de la hermanas religiosas que estaban realizando la misión con nosotros se levantó y pidió que alguno la acompañaramos a visitar a una familia. Por supuesto nadie quería ir pues perderíamos el juego. Fué entonces que sentí que yo tenía que ir con la religiosa.

Al ir caminando ella me preparó diciéndome que visitaríamos a una familia muy pobre. Por fin llegamos y efectivamente era un cuarto de adobe con un techo de láminas de cartón sostenidas por algunas piedras. Salió de la casa una mujer que no tenía ningún aspecto agradable y al vernos nos recibió muy amablemente. La hermana religiosa habló con ella mostrando un gran respeto y ternura. La Señora nos ofreció lo poquito que ella tenía para comer. Fué en esta relación, en esta bondad mostrada por la hermana religiosa y la generosidad de esta mujer que yo percibí que algo más grande estaba sucediendo. Se nos había ofrecido todo lo que ella tenía para vivir y ella sentía que alguien más allá de nosotros era quien la visitaba".

Pasaron esos dias de la misión en ese poblado y esta imagen jamás se pudo alejar de mi mente. Empecé a poner palabras en esta experiencia diciendo

que *"quería ser presencia de Dios para los demás. Simplemente con mi propia persona".*

Mi experiencia de fe creció al encontrarme con el rostro de Dios en los pobres.   En la experiencia de acercarme a ellos como amigo y ser presencia de ese Dios para ellos con mi propia cercanía, sentí que ese era el camino que tenía que seguir. Esto ha marcado mi vida de tal manera que en mi caminar en la fe y encontrarme con problemas y dudas he regresado al recuerdo de esta experiencia y purificar así mis decisiones.

Había llegado a un nuevo punto de crecimiento en el que le encontré sentido a la Misa dominical y aún diaria. Había realizado un encuentro personal con Jesús. Ya no era solamente una idea; El había llegado al centro de mi corazón y me había revelado su rostro en el rostro sencillo de los pobres. Ir a Misa ya no era ir a cumplir un precepto sino que era ir a estar con el amigo Jesús que compartía todo su ser. Los ritos tenían sentido ahora y la iglesia era encuentro con la comunidad de fe.

Al compartirte esta experiencia quisiera que entraras en tu historia y pudieras purificar esos sentimientos en los que la religión ha sido sólo cumplimiento de normas y preceptos por el miedo a una condenación o un vivir en pecado. Estos mensajes pertenecen al pasado y no pueden seguir ni contigo, ni conmigo en nuestro caminar de fe.

Si hablamos de nuestra fe como un proceso en diferentes niveles:

El primer nivel es nuestra infancia en la fe. (Hago la aclaración de que estas etapas no tienen nada que ver con la edad. Las llamo de esta manera para ayudarnos a ver el proceso que existe). Aquí es cuando todo se nos da. Cuando estamos en una total dependencia, sólo recibimos. Nuestra oración es pedir y pedir. Nuestra experiencia de Dios tiene elementos muy mágicos, sentimos que Dios esta en lo extraordinario. Sólo aquello que representa lo sagrado nos hace sentir a Dios. Buscamos que nuestros sentimientos rebocen y así es que

confirmamos que tuvimos una experiencia de Dios. En estos momentos somos movidos por emociones fuertes que desaparecen muy rápidamente. Buscamos al grupo y dependemos de la orientación y de la guía. Necesitamos del lugar que llamamos sagrado para intentar estar en relación con Dios. Libros de oraciones son muy necesarios para acompañar nuestra comunicación con Dios y formarnos en nuestra capacidad de reflexión y meditación. Las expresiones religiosas y piadosas son las que fundamentan esta etapa y son expresadas de formas diferentes en todas las culturas a través de signos externos como peregrinaciones, devociones, cantos y bailables. Los ritos externos nos ayudan a estar en contacto con lo sagrado. Como podrás notar hay muchos adultos que jamás dejaron la infancia de la fe.

Un segundo nivel podría llamarse adolescencia-juventud en la fe. Esta etapa está marcada por un primer rompimiento con el sentido mágico. Empieza una etapa de un mayor sentido crítico, se cuestiona todo y lo que antes se denominaba profano o no sagrado empieza a tomar un mayor sentido. Hay una mayor integración de la persona. Esta etapa esta marcada principalmente por ese encuentro personal con lo Divino que ahora es menos extraordinario y se encuentra más presente en lo humano. Dios se hace experiencia de misericordia. Hay menos miedo de encontrarse con la propia persona llena de limitaciones y de pecado. Se pasa de las expresiones de masa a la necesidad del pequeño grupo más intenso y profundo con quienes se crece. Hay una mayor integración entre la palabra de Dios y la propia vida. Se purifican las devociones convirtiéndose en expresiones sencillas de fe. Ya no se depende de los ritos y éstos se personalizan.

Uno de los principales cambios en esta etapa será la purificacion del sentimiento. San Juan de la Cruz lo llamó: *"la Noche del Sentido"*. La fe ya no depende de un "sentirme bien" y se pasa por grandes momentos de aridez. La oración hecha en esta etapa parte del corazón y se encontrará purificada de palabras. Un cambio muy marcado será la apertura al otro. Dios se hace transparente en el encuentro humano en donde se supera

todo juicio y se realiza la aceptación del otro como es. La búsqueda de la justicia se hace más real y la necesidad de abrazar al universo con todo lo creado se convierte en tarea. En esta etapa se aprende a sufrir, se aprende lo que es la soledad, se aprende a ser perseguido y no dejarse llevar por lo que otros piensan. Se aprenden las consecuencias del amar al pobre y al que no tiene voz. Se aprende a permanecer en la propia verdad a pesar de ser abandonado. El sufrimiento de otros por las injusticias se convierte en sufrimiento propio. Aunque se encuentren momentos de una gran inestabilidad emocional, se empieza a tener un gran sabor de la paz por *"hacer el bien"*.

Y la tercera etapa es la adultez en la fe. Es la etapa de la plenitud. Lo que al principio era una total dependencia de Dios para ser guiado y llevado como a un niño, ahora es total dependencia de Dios en el ser absorbido por Dios y ser totalmente instrumento de su presencia. Absorción de nuestro ser en Dios que no significa pérdida de nuestro ser sino plenitud de nuestro ser en Dios. Hay una total disposición de la persona en el ser de Dios. Nuevamente la referencia de esta etapa la tenemos en los grandes santos que nos han dejado pistas. San Juan de la Cruz enuncia la entrada a esta etapa a través de una segunda purificación de la persona que él llama *"la Noche del Espíritu"*. Es en esta etapa en donde hasta nuestra misma experiencia de fe es cuestionada. Lo que se ha convertido en sagrado durante tantos años llega a sentirse como nada para dejar que Dios sea todo en nosotros. Hay una total ausencia de control de nuestra parte. Ahora es la parte de nuestro intelecto y de nuestro espíritu que se vacían. Lo que hemos comprendido y asimilado necesita ser transformado. La expresión externa de la persona en esta etapa es la de una total donación en favor de los demás. Es la de una tremenda paz aún en medio del poder de la muerte. Es la predicación de la verdad en palabras totalmente simples en acciones llenas de bondad. Se ha integrado al ser humano y al universo en la misma persona. Para algunos de los santos la oración está ausente de palabras y se ha llegado a la necesidad de estar a solas porque es ahí donde se es uno con todo lo creado.

Al haber delineado estas etapas de fe, quiero enfatizar que el proceso es un camino de integración y de libertad. Un largo y penoso camino hacia la plenitud. Es por eso que analizar los mensajes religiosos que hemos recibido desde pequeños juegan un papel importante en nuestro proceso de liberación. Permanecer con la imagen de un Dios que está preocupado porque cumplamos las normas y los ritos nos impedirá crecer a través de estas etapas. Permanecer en una actitud de condenación hacia el hermano sintiéndonos jueces de las vidas de otros es intentar tener el lugar que pertenece sólo a Dios.

Es aquí que en los mensajes religiosos y las actitudes religiosas podemos estar encontrando nuestra propia jaula. Nuestros principales valores de juicio si se quedan en la etapa de nuestra infancia en la fe se convertirán en una jaula que nos impide llegar a la libertad, a la plenitud.

> Realmente espero que la experiencia de Dios que es
> amor misericordioso, humano y sencillo , y al mismo
> tiempo totalmente otro nos haga libres para amar.

LA ESTRUCTURA DE LA PERSONALIDAD Y SU BONDAD

Al haber hablado de los diferentes mensajes que afectan nuestra personalidad y que han marcado nuestras historias, surge el cuestionamiento de nuestra propia identidad. ¿Quién soy yo? ¿Soy sólo el fruto de esos mensajes que he introyectado en mi persona? ¿Existe en verdad una realidad única en mi ser?.

Estas preguntas nos llevan a entrar a la estructura de nuestro propio "yo". Pues es aquí donde queremos afirmar que soy un ser único e irrepetible, cuya dignidad clama por su plena expresión y liberación. Es importante afirmar que tenemos la libertad de escoger el camino que nos realizará como seres humanos y que en este camino estamos haciendo nuestra propia historia. Nada está hecho de antemano para mí. Es mi yo y el

manejo de mis circunstancias que harán la realización de mi persona. Todos los mensajes recibidos en mi familia, en mi sociedad con su cultura, y en mi religiosidad son elementos que al ser integrados me permiten ser la persona que Dios quiso que fuera.

Al emplear la palabra "yo", me estoy refiriendo al centro de la persona, eso que la Biblia llama "corazón". De este fluyen pensamientos, decisiones, necesidades, impulsos, sentimientos, emociones, conductas, relaciones, sueños etc. El yo es la totalidad de mi ser sin estar dividido. A él atribuimos todas nuestras conductas, por eso decimos: yo amo, yo siento, yo estoy cansado, yo sueño, yo tengo tal deseo, yo necesito.

Junto con algunos psicólogos que estudian al yo desde sus polaridades (Brammer/Shostrom en Psicología terapéutica) veo al propio yo desde la polarización de nuestras conductas en dos extremos del propio ser. La polaridad dirigente y la polaridad dirigida.

En la dirigente encontramos el pensamiento, gracias al cual observo y conozco el mundo externo y el propio mundo personal. Aprendo por medio de las palabras y las imágenes los elementos de la realidad interna y externa que me permiten adaptarme, relacionarme y disponer de esta realidad. Es en el pensamiento que la realidad es filtrada e interpretada y al hacerlo nos permite reaccionar ante ella. Con la ayuda del pensamiento llegamos a descubrir los valores de "sentido", que por ser valiosos en sí mismos le dan un por qué a nuestra existencia.

En esta polaridad dirigente encontramos nuestra conciencia que es formada por los valores de sentido aprendidos y permite que realicemos un juicio moral de los acontecimientos y de nuestros comportamientos.

En esta polaridad dirigente se encuentra también la voluntad que podríamos llamar el instrumento de la libertad. La fuerza de la voluntad proviene de la motivación. La voluntad puede ser descrita como una conducta que es determinada por la motivación que hace que luchemos

contra todos los obstáculos para lograr nuestra realización.

La segunda polaridad es la dirigida: en ella encontramos las necesidades o motivaciones. Es lo que nos mueve a buscar en el mundo y en los demás una triple categoría de valores: Los vitales, los de autorrealización y los espirituales o de sentido. El yo aspira a los valores *vitales* para sobrevivir y mantenernos en la existencia. Con los valores de *autorrealización* aspiramos a nuestro desarrollo individual y con los valores *espirituales* aspiramos a salir de nosotros mismos y buscar nuestra plenitud en valores más allá de nuestros intereses egoistas o biológicos.

Todos sabemos que cuando nuestras necesidades o motivaciones encuentran su satisfacción entonces experimentamos la emoción que nos lleva a vivir sentimientos.

Cuando el eco emocional ante un objeto o una persona tiene un tono afectivo entonces trae una reacción corporal. Aquí encontramos nuestras sonrisas, nuestros abrazos, nuestras lágrimas etc. El placer y el dolor al ser expresiones de nuestro propio yo no deben de ser reprimidos pues ellos se presentan como una gama de reacciones entre lo corporal y lo espiritual. Cuando nuestras emociones se convierten en un modo de ser habitual entonces merecen el nombre de sentimientos. y es aquí que al ser capaces de vivir coherentemente lo que pienso y lo que siento que construyo actitudes en relación con el mundo que me rodea. (Cfr.Luis Jorge González. Liberación para el amor p. 94-95)

He usado esta aproximación de las polaridades en la persona para acentuar que cuando éstas se disparan en direcciones opuestas nos encontramos en la peor prisión que puede existir. Si los mensajes recibidos externamente han hecho que mi yo se encuentre dividido es entonces que hablamos del anhelo de la liberación del yo.

Actualmente estas polaridades han sido llamadas como la "energía Masculina" (polaridad dirigente) y la "energía Femenina" (polaridad

dirigida). (Cfr. John A. Sanford The Invisible Partners).Y me gusta esta terminología que me permite ver que nuestro mundo y nuestra propia persona ha estado muy dominada por la energía masculina que sin ser negativa al olvidarse de la energía femenina puede crear tanta destrucción en nuestra personalidad. Es por eso que nuestro mundo, nuestras instituciones y nuestra propia persona necesita de la integración de la energía femenina para hacernos más plenos.

Es suficiente el abrir nuestros ojos y ver dentro del corazón de cada familia la cantidad de heridas causadas por la falta de expresión de sentimientos. A nivel de nuestras instituciones organizadas a partir de dar prioridad a la energía masculina en donde el trato se convierte impersonal. Y nuestra propia persona en la que constantemente hemos castigado nuestras emociones y sentimientos por parecernos expresiones débiles o inapropiadas.

El anhelo de integración personal nos lleva a relacionarnos con nosotros mismos dando plena expresión a todo nuestro ser. Esto empieza cuando me permito decir que nada de lo que hay en mí es malo. Que mis necesidades hablan de la persona que soy y mis emociones y sentimientos necesitan ser vividos intensamente. Seguir creando motivaciones es seguir teniendo la fuerza que nos mueve a buscar nuestra realización. Esta fuerza dentro de mí que me permite seguirme autodefiniendo es lo que llamo la "Sabiduría Eterna" dentro de mi propio ser, que me sigue diciendo: *"el trabajo no esta terminado y que siempre hay más".*

Es por esto que necesitamos estar en constante relación con nuestro propio yo para ir permitiendo nuestra completa expresión. Las diferentes escuelas de psicología han centrado sus teorías en la plenificación del propio yo. Y nuestro crecimiento espiritual se centra también en la plenificación de nuestro ser, desde el modelo dado a nuestra humanidad en la autorrevelación de Dios en Jesucristo. Desde la psicología hablamos del proceso en convertirnos en personas. Desde la espiritualidad hablarémos del convertirnos en otros cristos.

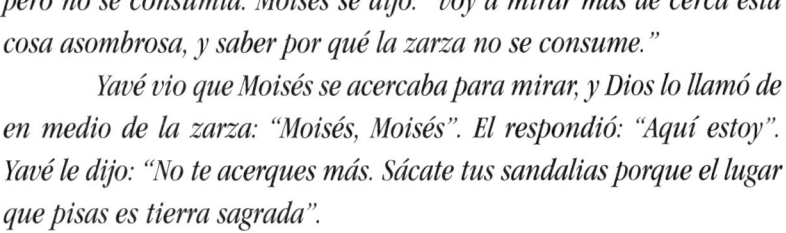

El Bosque

Moisés cuidaba las ovejas de Jetró, su suegro, sacerdote de Madián. Una vez llevó las ovejas muy lejos en el desierto y llegó al cerro de Horeb, esto es, el Cerro de Dios.

El Angel de Yavé se presentó a él bajo las apariencias de una llama ardiente, en medio de una zarza. Moisés vió que la zarza ardía, pero no se consumía. Moisés se dijo: "voy a mirar más de cerca esta cosa asombrosa, y saber por qué la zarza no se consume."

Yavé vio que Moisés se acercaba para mirar, y Dios lo llamó de en medio de la zarza: "Moisés, Moisés". El respondió: "Aquí estoy". Yavé le dijo: "No te acerques más. Sácate tus sandalias porque el lugar que pisas es tierra sagrada".

(Ex 3, 1-5)

Capitulo 2

El Bosque

INTRODUCCION

La imagen del Bosque me gusta mucho porque siempre he experimentado una sensación de aventura al ir al bosque. Es caminar en lo desconocido. Implica el arriesgarse a dejar todo lo seguro y el terreno conocido para aventurarse en donde no sabemos lo que pueda pasar.

Pero es aquí en el bosque que siempre he encontrado la sensación de estar en contacto con lo *"natural"*, con lo que no ha sido tocado ni transformado. Es en el bosque que entramos en contacto con la fuerza de la naturaleza que nos llama a ser lo que realmente somos. En el bosque no necesitamos de sacos y de corbatas, títulos que nos representen, ni de ponernos alguna máscara para aparentar otra cosa que no somos. En el bosque entramos al llamado a ser auténticos. Es entrar a lo que es esencial porque es *natural*.

Y creo en verdad que el bosque representa ese llamado que existe en el fondo de nuestro ser a buscar lo que naturalmente somos. Es el llamado a lo desconocido para descubrir nuestra propia identidad. Entrar al bosque es arriesgarnos a ser vulnerables, débiles, frágiles y en esta vulnerabilidad redescubrir nuestra fuerza. *"Te basta mi gracia; mi*

mayor fuerza se manifiesta en la debilidad". (2 Cor. 12, 9). Sólo cuando arriesgamos somos capaces de descubrir valores en nosotros mismos que de otra forma no encontraríamos.

Para mí la imágen del bosque está siempre acompañada de montañas. Por eso entrar al bosque es subir a las alturas y siempre he considerado nuestra realización como personas y en la vida espiritual como una subida a la montaña de Dios.

Por eso te invito a venir al "bosque". ¿Qué hay en el bosque? ¿Por qué es tan atractivo?.

Y te preguntarás: ¿Cuál es el bosque en tu propia vida? y la respuesta es sencilla. Todas las veces que sientas insatisfacción dentro de ti y descubras que estas anhelando algo más; cuando sueñas que podrías hacer algo por otros; cuando experimentas en tu corazón ese fuego interno que te invita a volar, que te hace vibrar porque anhelas amar; entonces es que estas mirando hacia el bosque.

HISTORIA

Hace algunos años tuve la oportunidad de organizar y realizar un viaje de campamento con mi hermano mayor Ignacio y su familia. Juntos habíamos soñado con la posibilidad de este viaje. La idea era salir desde México, pasar por los grandes parques Nacionales de Colorado, Wyoming y Montana y llegar a las Montañas Rocosas de Canadá y regresaríamos por la costa de British Columbia, Washington, Oregon y California.

La meta era clara para nosotros. Se trataba de un regreso a lo natural, queríamos perdernos en el bosque, gozar los atardeceres, disfrutar los lagos y subir a las montañas. Separamos todo un mes para hacerlo y las seis personas que viajaríamos en la camioneta pusimos en común

nuestro dinero. 500 Dólares por persona para todo un mes de viaje. Por supuesto no habría restaurantes ni tiendas de souvenirs y para dormir usaríamos nuestra tienda y haríamos la comida nosotros mismos. ¡Pues nos preparamos para el viaje!.

Nuestra familia y amigos trataron de decirnos que era una locura; que no íbamos a resistir. Que pensáramos en todos los peligros que había tanto en las carreteras como en los lugares del bosque.¡Están locos!, nos decían, ¡Sólo son una bola de soñadores!. Nos decían que era una ilusión pensar que con tan poco dinero podríamos realizar el viaje. Más problemas tuvimos cuando recibimos la información de cómo tendríamos que actuar si nos encontráramos en el camino con algún oso. Teníamos miedo, sin embargo el llamado a nuestra aventura fué más grande.

Salimos y empezaron las sorpresas. El oficial de inmigración al cruzar la frontera de Estados Unidos, cuando supo la intención de nuestro viaje puso más atención a los lugares que visitaríamos que a nuestros papeles y terminó insistiéndonos que no dejáramos de visitar el parque de Yellowstone. Nuestra camioneta no tenía seguro ya que en México esto es opcional y nunca nos pidieron documentación de ésto. A los lugares que llegamos no teníamos reservaciones de campamento y notamos que todos nos ayudaban. La gente como nunca lo había yo experimentado parecía estar de buenas y se acercaban a platicar con nosotros. En un campamento encontramos a un señor divorciado que estaba solo con su hijo, se acercó a platicar y terminó comiendo con nosotros.

Entramos al bosque y en medio de los amaneceres llenos de colorido y los atardeceres entre las montañas sucedió algo aún más grande: Noté que mi hermano Ignacio, hacía las cosas con toda calma mientras que yo me sentía agitado para estar pronto en movimiento. Me detuve y observé a mi hermano. Estaba gozando cada momento del viaje parecía como si lo mejor de él estuviera floreciendo en esos

días. Una tarde a la orilla del lago mientras tomábamos un café en nuestro campamento empezamos a platicar y mi hermano me compartió que se sentía en una nueva etapa de su vida. Acababa de pasar por una operación que lo salvó de haber muerto. Y económicamente con la devaluación del peso mexicano su negocio se había venido a la quiebra. Estaba a punto de perder su casa (lo cual sucedió después de ese tiempo). Sin embargo sentía que algo nuevo estaba sucediendo en él. Me lo platicó de esta manera: "Enrique, siento que todo por lo que he luchado a lo largo de mi vida ha perdido sentido... Me ví tan cerca de la muerte que he tenido que reflexionar para qué estoy aquí. Me doy cuenta que hay algo más esencial en el saber gozar del momento que tenemos y apreciar todo como un regalo. La vida es tan corta que al perder todas mis seguridades he tenido que regresar a lo esencial y esto es el amor a Dios, a mi esposa y a mi hijo".

Seguí contemplando la forma en que disfrutó cada caminata, cada lago parecía que le hablara, cada río era como si le estuviéra dando vida. En verdad había entrado en el bosque. Una nueva realidad se estaba dibujando en frente de él. Materialmente su vida había caido pero parecía estar descubriendo un nuevo llamado en el que su vida se empezaba a dibujar con mucha paz.

Los momentos de nuestras pláticas sencillas en torno a la fogata y nuestras caminatas hacia la montaña jamás los olvidaré. Me devolvieron al gran amigo que es mi hermano.

Nuestro viaje transcurrió sin ninguna sorpresa desagradable y antes de cruzar la frontera hacia México nos dimos cuenta que nos alcanzaba el dinero para despedirnos en un restaurante. Nuestro viaje será siempre el recuerdo del regreso a lo natural. El llamado del bosque entre las montañas no se puede extinguir. Volveremos a escuchar su voz en cuanto veamos dentro de nuestro corazón.

Enrique e Ignacio.

CONCIENTIZACION: ENCUENTRO CON LA REALIDAD

La sabiduría eterna de Dios al crearnos nos hizo ser personas en constante cambio. Este es el dinamismo de nuestra vida y esta es nuestra realidad, siempre estamos cambiando aunque esto no nos guste. Este dinamismo esta ahí simplemente con el motivo de llevarnos a la "madurez". Y llamo madurez al tiempo en que podemos sentir este mundo como parte nuestra. Cuando todo lo que soy y lo que hay a mi alrededor se encuentran en *armonía*. Para lograr esto es que suceden los cambios de nuestra vida.

Con frecuencia escuchamos expresiones de la gente que podemos llamar como expresiones de la sabiduría popular: "Cuando pensé tener todas las respuestas, me cambiaron todas las preguntas". "Cuando sentí estar de pie me movieron el tapete". *"Cuando por fín logré lo que quería, perdió sentido para mí". "Pensé que esto me haría feliz, y ahora siento que me hace falta mucho más".* Todas estas son expresiones que apuntan hacia nuestro vacío, a nuestra eterna sed de satisfacción. Y lo único que nos estan diciendo es que *"nuestra alma estará inquieta hasta que descanse en Dios" (Sn Agustin).* Estas expresiones nos hablan de nuestra gran limitación como seres humanos, pues estaremos en constante cambio hasta ser completos en nuestro Creador.

Por difíciles que sean los cambios ellos nos llevan a un momento nuevo de nuestra vida y este siempre es mejor. Por eso aspirar a crecer es cambiar. Y hay dos partes en este crecimiento; a) lo que dejo de ser y b) en lo que me transformo.

En nuestra vida diaria quisiéramos que estas dos partes fueran suficientemente claras y entonces los cambios serían muy fáciles, pero no es así. Nunca están tan claros y esto hace nuestro proceso de crecimiento como un largo y penoso camino. Sin embargo analizar este proceso dinámico es lo que nos permite ver su bondad.

a) *Lo que dejo de ser*: Este paso implica un enfrentamiento con la realidad al que le llamo concientización. Es al hacerme consciente del mundo que me rodea que se realiza el primer efecto del cambio. Empiezo a salir de mí, mi atención se dirige a una realidad distinta de la mía y esta nueva realidad inmediatamente refleja lo limitado del mundo en el que yo vivía.

Por ejemplo: Todos hemos oido hablar de los pobres, y estoy seguro que todos podemos estar de acuerdo en ayudar a los pobres. Pero hay un efecto totalmente distinto cuando uno baja hasta el mundo del pobre y los vemos cara a cara. Cuando la palabra pobre ahora tiene un rostro concreto a quien conozco por nombre y he escuchado su historia, entonces mi realidad personal se ha visto cuestionada por ese nuevo encuentro.

Como un espejo esta concientización del mundo que me rodea hace también que entre a nuevos niveles de mi autoconocimiento y tomo nueva conciencia de quien soy yo. En cada momento que arriesgo a entrar sinceramente en mi persona aceptando que enfrentaré situaciones que no me gustan entonces estoy enfrentando mi realidad y es cuando puedo superarla.

b) *En lo que me transformo*: Todo momento de concientización me está haciendo ver una nueva realidad. Es como abrir una puerta que tenía cerrada y que al abrirla entro a un lugar nuevo en que podré expresarme con nuevas posibilidades. Por supuesto toda nueva situación me exigirá nuevas actitudes, nuevas formas de ser y de sentir y esto es cuando surge la transformación.

Por ejemplo: Todos pasamos por ese cambio de nuestra niñez a la adolescencia. Este cambio implicó nueva ropa, nuevas actitudes con los amigos, una nueva realidad en la relación con los papás, cambios físicos etc. Todo el ser se vió transformado. Muy similar a esto son los cambios interiores de nuestra vida; cuando dejo de ser un simple seguidor de lo que los demás hacen y afirmo lo que quiero. Cuando empiezo a decir no

a las cosas que me afectan y me destruyen. Cuando empiezo a permanecer firme en lo que pienso a pesar del desprestigio popular. Entonces es cuando empiezo a ver que hay una nueva realidad formándose en mí y que ésta me hace más pleno.

Esta nueva realidad que me encuentro al concientizarme es en verdad una invitación a lo desconocido. Madurar es aprender a caminar donde no hay camino; es caminar en la fe. Por eso es que muchos de nosotros preferimos ponernos una venda en los ojos para no ver la realidad. Sabemos que al ver la realidad seremos invitados a lo desconocido.

La sabiduría eterna de Dios ha dejado inscritos en nuestro mismo ser físico y psicológico-espiritual etapas que necesitan ser superadas. Así es que aunque quisiéramos vivir con los ojos vendados pensando que nuestra jaula es la mejor forma de vivir siempre tendrémos momentos que vendrán naturalmente en los que nuestros ojos se abren para ver que hay un bosque fuera de mí y que vivir en él puede ser mejor...

APERTURA Y RETO

Una vez que ha sucedido una experiencia de concientización es como si empezara una tormenta en nuestro interior que empieza a tirar todo lo que existe.

Juan un gran amigo escuchó que yo llevaría a un grupo de gente de la ciudad de Rochester, NY a vivir un retiro con la gente pobre en los alrededores de la ciudad de Tuxtla Gutierrez en Chiapas México. Este simple anuncio lo hizo entrar en su propio vacío. Había algo nuevo y llamativo en esta invitación que inmediatamente lo hizo entrar en su propia realidad y en ella existía un vacío, algo no estaba lleno y los ojos de su corazón estaban "viendo hacia el bosque".

Juan se unió a un grupo de gente y fuimos a vivir la experiencia. Diez

días con la gente pobre. Sabiendo que todos queremos controlar nuestras experiencias y siempre queremos saber lo que sucederá les pedí que teníamos que dejar a un lado nuestras expectativas para poder estar abiertos a la experiencia. Juan se resistía pues esa total apertura que significaba tratar de no esperar nada era casi imposible para él. Volví a insistir diciéndoles que: "¡En la medida en que creamos expectativas, creamos nuestras propias frustraciones!". Es como dibujar de antemano el camino y una vez que llegamos a él no nos gusta porque no se parece a lo que dibujamos en nuestras mentes. Juan seguía luchando por estar abierto. ¡Necesito esperar algo! decía. Y la invitación seguía siendo el que "sólo cuando estamos abiertos es cuando la experiencia la recibimos tal como es".

Vivimos el retiro con la gente pobre y efectivamente Juan tomó en serio el tiempo que pasamos en México. Lo vi grabar esas imagenes no sólo con su cámara sino con su corazón. En los momentos de silencio anotaba en su diario lo que estaba experimentando. Absorbió la experiencia dejando que cada persona y cada lugar le hablaran en su interior. Esto lo hizo sentir algo que lo retaba a ser diferente.

Regresamos a Rochester y todas nuestras conversaciones que siguieron después de esa experiencia fueron acerca del tremendo vacío en lo que hacía y de la tremenda riqueza que había encontrado en esa experiencia. Empezó una tormenta dentro de él que fué tirando una a una las diferentes cosas que Juan realizaba. Pronto llegó el día en el que me dijo que estaba dispuesto a dejar su trabajo en Kodak y dejar su salario y su seguridad para buscar una vida más simple en la que valores más esenciales al corazón tuvieran prioridad.

Pasaron varios meses y su búsqueda se convirtió en reto. Había experimentado algo que apuntaba a la necesidad de cambiar. Esta nueva realidad lo invitaba a explorar nuevas posibilidades y era algo que no lo dejaría descansar hasta lograrlo. ¿Qué era lo que quería realizar?. No lo veía con claridad pero había experimentado algo que

se había convertido en su búsqueda y conseguirlo era su reto.

Al estar escribiendo estas líneas he estado pensando en mi amigo Juan quien lleva varios meses viviendo en Chiapas con los pobres. Ha seguido buscando lo que esa nueva realidad que experimentó significa en su vida y ciertamente puedo decir que su vida se ha "transformado"

Juan en Chiapas.

Es verdad que abrirnos a la experiencia es dejar ir nuestras seguridades y nuestras barreras para ser conmovidos por la realidad. Es aquí donde suceden los grandes milagros. Las experiencias más gozosas de nuestras vidas son aquellas en las que permanecemos abiertos y vivimos plenamente el momento. Pero estos momentos de apertura traen retos tremendos a nuestras vidas pues nos sitúan ante una nueva realidad que ya no nos dejará tranquilos y necesitamos cambiar.

Todos sabemos que cuando hemos sido lastimados en alguna situación negativa más difícil será nuestra capacidad de abrirnos a una nueva experiencia. Es así que vamos cerrando nuestra capacidad de vivir el momento y por lo tanto cerramos nuestra capacidad de una gran alegría. Es

verdad que permanecer "protegido" aparecerá como la mejor forma de vivir y sin embargo en el caminar de la vida vemos que una gran cantidad de gente que vive en tristeza es gente que ha cerrado las puertas a nuevas experiencias.

Lo único que puede sanar un corazón que amó mucho y lo defraudaron es volver a amar mucho más. Por supuesto esto es arriesgar a entrar nuevamente a la posibilidad de ser lastimado y sin embargo es solo volviendo a abrirnos a la experiencia del amor que se sana el corazón. Si una muchacha ha dibujado en su mente la imagen del hombre que ella quiere, entonces todos los que se acerquen quedarán muy lejos del ideal y por lo tanto ella nunca encontrará a nadie. Abrirse a la experiencia es ser vulnerable y dejarse transformar.

Con esto me atrevo a decir que muchas de las experiencias que nos hacen crecer son aquellas en las que tuvimos poco control. Llegaron, nos permitimos "vivir la experiencia" y nos encontramos ante el reto que esta experiencia trajo en la que nuestra realidad ha sido transformada y entonces hemos crecido.

Nuestro crecimiento "espiritual" y como "personas" implica un constante estar abriéndonos de nuevo a vivir experiencias que nos llevan por senderos desconocidos. Por eso constantemente encontraremos que en la dirección espiritual el principal actor es Dios. El nos esta guiando y aceptar su guía es confiar que todo está bien aunque no veamos el camino. Y al mismo tiempo es trabajar retandonos a vivir el gozo de una nueva experiencia.

Así es que podemos ver que nuestra transformación es obra de Dios y nuestra tarea es la apertura a su acción.

CONFLICTO

Uno de los sacerdotes que fué mi profesor, constantemente me decía: *"si en verdad quieres crecer en el seguimiento del Señor tienes que*

aprender a vivir en el conflicto. Seguir a Jesús va a arrancarte constantemente de lo que has logrado y en esto encontrarás tu libertad".

Crecer es entrar en conflicto y es en esta constante confrontación que se realizará tu proceso de crecimiento. En la vida espiritual se habla de una constante conversión y esto no es otra cosa que seguir haciendo el camino donde no hay camino. Es dejar que la realidad te cambie como cuando el que quiere sembrar tiene que romper la tierra para prepararla y fertilizarla. Preparar la tierra en nuestra vida es entrar en conflicto.

Cambiar no es fácil. Por eso Jesús habló en estas palabras: *"Vine a traer fuego a la tierra ¡y cuánto desearía que ya estuviera ardiendo! Pero también he de recibir un bautismo y ¡qué angustia siento hasta que se haya cumplido!. ¿Creen ustedes que yo vine para establecer la paz en la tierra?. Les digo que no, sino la división". (Lc 12, 49-51)*

Esto es muy claro cuando nos encontramos ante situaciones de injusticia. Primero somos impactados por la realidad creando en nosotros una *concientización*, entre más *abiertos* estemos a la experiencia, ésta nos lanza el reto de la transformación de esa realidad e inevitablemente entramos en *conflicto*. Realizar cambios a nivel social es desestabilizar al que tiene el poder y crear una nueva realidad para la gente. Esto implica la organización de la comunidad dándole el poder para que sus voces sean escuchadas.

Todos los que hemos estado buscando cambios sociales hemos descubierto que no se logran sin entrar en conflicto con las estructuras de poder. Los primeros que se opondrán al cambio son los que son beneficiados por mantener las estructuras tal y como están y generalmente estos son los que controlan el poder político, económico y religioso. Esto no es nada nuevo pues a través de la historia hemos visto las alianzas que se forman entre estos tres poderes para controlar las sociedades. Y muchas veces ha tenido que ser la organización popular

quien crea los cambios, estos en medio de numerosos conflictos.

Por eso es que decimos que generalmente los cambios no vienen de arriba, pues esta es la estructura de poder a quien no le interesa cambiar pues se beneficia con los privilegios de mantener el poder. Sino que los cambios vienen de abajo, significando la gente oprimida, necesitada de una nueva realidad. En donde quiera que encontremos una gran resistencia a un cambio que beneficiaría a mucha gente es que encontramos un privilegio que beneficia a unos cuantos. Estos privilegios tienen muchas caras, desde lo económico hasta el del control del poder político y religioso.

Jesús el Señor, presencia de Dios entre nosotros, fué un "hombre en conflicto". Por traer el mensaje de liberación en el amor fué inmediatamente rechazado por la institución religiosa de su tiempo y lo acusaron de blasfemo, porque se decía Hijo de Dios. Lo seguía mucha gente y esto alarmó al poder político. Lo acusaron de subversivo contra el César. Obviamente el mensaje liberador desestabiliza las estructuras de poder.

Nuestras "sociedades" son el reflejo de las personas y cuando encontramos a personas más concientizadas de valores que merecen ser vividos por todos, es que encontramos grandes retos al cambio social. Sociedades e instituciones que se encuentran en conflicto son las que se estan enfrentando a la resistencia de los cambios. No tendríamos el reconocimiento de la igualdad en dignidad con la comunidad Afroamericana, sino hubiera sido por los que levantaron sus voces en protesta y decidieron enfrentar el conflicto para realizar el cambio. No tendríamos el levantamiento armado de nuestros hermanos indígenas en Chiapas, México sino hubiera una mayor concientización de la dignidad que se merecen y de la decisión de entrar en conflicto aún con el riesgo de perder sus vidas. Y no tendríamos el clamor de la mujer por dejar de ser una persona de segunda clase en las instituciones sociales y religiosas, sino hubiera una mayor conciencia de la discriminación que aún existe en

ellas. Y estos cambios no se logran sin la decisión de entrar en conflicto.

A los que tienen el poder les interesa que la gente no tenga toda la información. Esto lo logran siendo selectivos; sólo unos cuantos son los privilegiados, escogidos para ser formados. El control de la formación será para mantener los valores de la institución. Normalmente, esto crea líneas de pensamiento que tienen como finalidad mantener el control. Toda institución clamará que esto es lo que le da la vida. En estas líneas de pensamiento es donde definimos y hasta justificamos comportamientos poco humanos.

La concientización es la labor de compartir la información y hacerla para todos. Esto mismo es ya principio de conflicto pues entre más se conoce, la gente despierta y sus voces se empiezan a escuchar. Cuando las líneas de pensamiento son liberadoras estas generalmente son inclusivas. Se habla de todos y para todos.

Esta misma realidad que encontramos a nivel social la percibimos también a niveles familiar y personal. En una familia que ha creado una manera rutinaria de vida, en la que hay una disfunción en la comunicación, intentar cambiar generalmente traerá conflicto. Crear nuevas líneas de comunicación es romper las costumbres que se han creado y que bloquean la relación. Esto sucede con una gran desestabilización de quien no ha encontrado los beneficios de comunicarse.

A nivel personal lo experimentamos de la misma forma. Cambiar significa dejar atrás una manera de ser y esto es un tremendo conflicto que nos hace sentirnos inseguros y sin dirección. Aún nosotros mismos pensamos: "¡Estoy bien así como estoy, no necesito de ningún cambio!". Esto significa que hemos creado nuestra area confortable y no queremos sorpresas. Como el pájaro de la jaula, "nos sentimos a gusto". Hemos creado costumbres en nuestros comportamientos que preferiríamos que estos continuaran siempre de la misma forma . Cambiar es crecer y aún a nivel personal, esto sólo se logra entrando en conflicto.

En los dos ejemplos: el de mi hermano Ignacio y nuestro viaje de campamento y el de mi amigo Juan que está en Chiapas, descubro el gran conflicto que ha significado para ellos crecer. Mi hermano estuvo cerca de la muerte y se encontró con la pérdida de una estabilidad económica para poder pasar a la nueva etapa de su vida. Aceptar un nuevo y más sencillo estilo de vida ha significado romper seguridades en medio de un tremendo conflicto. Pero ha logrado estar en una nueva etapa en la que ha descubierto valores esenciales para seguir viviendo. Y Juan entró en el conflicto de la falta de realización en su trabajo renunciando a él con la inestabilidad que ésto trajo. Cambió su estilo de vida al grado de ir a una tierra extranjera para seguir su búsqueda.

Optar por el conflicto es *"estar viendo hacia el bosque"* y luchar por desarrollar todas las posibilidades para poder volar alto. Entrar en conflicto es optar por permitirnos amar sin límite.

INTEGRACION ~ TRANSFORMACION

Todo este proceso de concientización de la realidad, de apertura a la experiencia, el reto de esta nueva realidad, y decidir pasar por el conflicto, no se pueden dar si en verdad no tenemos una motivación. No podemos ver hacia el bosque sino hemos encontrado algo ahí que nos atrae. El bosque nos habla de un ideal, algo que es natural y que habla de lo más esencial de mi persona. En nuestra leyenda el pajarito de la jaula ve que en el bosque los demás pajaritos pueden volar. Son libres para volar por encima de los árboles y él no lo puede hacer en su jaula. Hay algo en el bosque que le habla de lo que él podría hacer. Cuando se da cuenta que él teniendo alas no puede volar, es confrontado por este nuevo deseo que nace desde la esencia de lo que él es. El bosque es el marco de este nuevo deseo.

De la misma manera en nuestras vidas, hay momentos en los que con toda claridad percibimos que más allá de lo que me he acostumbrado a

realizar está un llamado a ser libre para amar. El bosque representa nuestra gran capacidad de amar que hemos limitado en nuestras jaulas, en nuestros estilos de vida, y en nuestras instituciones.

Ver hacia el bosque es encontrarnos nuevamente con un ideal, un modelo que representa lo que yo puedo llegar a ser si me permito seguir creciendo a mi plenitud. Para mí este ideal, este modelo es Jesucristo el Señor.

Jesús se convirtió en el centro de mi vida cuando empecé a ver su manera de actuar con la gente. Tan sencillo y tan humano. Cercano y con gran capacidad de comprender. Poco a poco su persona se fué dibujando en mi corazón que en verdad quería ser como él. Siempre luché cuando se hablaba únicamente de su divinidad porque entonces lo sentía lejano e inalcanzable. Pero cuando me centraba en sus actitudes como persona, aún reconociéndolo como Hijo de Dios, lo sentía cercano. Su persona representa el ideal de mi persona. Cuando veo a Jesús veo lo que quiero llegar a ser, y esto es *"un hombre libre para amar"*.

Desde la psicología la escuela de la psicología humanista ha dicho que todos los seres humanos tenemos que realizar un proceso de convertirnos en personas. Nuestras capacidades estan todas ahí, pero es nuestra tarea desarrollarlas (cfr. Carl Rogers). Desde la espiritualidad sabemos que el proceso es convertirnos en otros Cristos y estas dos funciones van en la misma dirección. Por eso creo que la plenitud de nuestra integración como personas está en Jesucristo.

Cuando veo a Jesús en sus comportamientos y actitudes consigo mismo y con los demás estoy delante del hombre perfecto. El revela en su humanidad el regalo que se nos ha dado al hacernos personas. Es en lo excelso de sus sentimientos, de sus palabras y de sus acciones que veo lo más noble de mi propia persona. Es como un espejo, pues en él veo lo más excelso de mi vocación como ser humano. Y todo está en mí por construirse. Para aprender la libertad personal y el compromiso con la liberación de los pueblos, no podremos encontrar mejor modelo que

Jesucristo. Jesús es un hombre libre para amar, y su amor es liberador.

La libertad de Jesús viene de la seguridad que tiene de sí mismo. Ha asumido plenamente su identidad, se conoce y sabe quién es y para qué existe. Todas sus acciones partirán de este autoconocimiento. Nos da un mandamiento nuevo: *"Amense unos a otros como yo los he amado"* (Jn 13, 34) Y su invitación es como él modeló la actitud del amor.

Veo a Jesús con la excelencia del amor, cuando su actitud se manifiesta misericordiosa e incondicional. Especialmente con aquellos considerados pecadores públicos que la sociedad marginaba (Mc 2,13-17). Y aquellos que por sus oficios se han considerado de la clase baja (Mc 1, 14-20). Su amor no pone condiciones. Por ejemplo: Frente a la mujer adúltera, el Señor se revela como el modelo perfecto del amor. Ni aprueba el comportamiento de aquella mujer, ni la condena acusándola, culpabilizándola o criticándola. Se muestra amándola sin condiciones y por este amor le abre la posibilidad del cambio y del crecimiento personal (Jn 8, 1-11).

Jesús muestra su libertad para amar cuando este amor se orienta al *"bien de la humanidad"* y de cada uno de los seres humanos. No busca en modo alguno sus intereses personales. Al estar delante de la gente entra dentro de la verdadera persona que cada uno es. Nos llama a la realidad del amor y así librarnos del mal. No sólo de los males físicos como la enfermedad, sino que ve a la persona en su totalidad. Nos llama a cambiar también las otras miserias como el hambre, la injusticia, el odio, la violencia y la raíz de todo mal que llamamos pecado (Lc 10, 25-37).

Veo a Jesús totalmente "libre para amar" al expresarse tal y como es: Perdona a Pedro que lo ha traicionado (Mt 26, 31-35) y perdona a quiénes lo están crucificando (Lc 23, 34). Su amor está lleno de valentía al denunciar lo injusto, sacando a los vendedores del templo (Mc 11, 15-19), o al estar sentado a la mesa de los fariseos y doctores de la ley y llamarlos hipócritas por acentuar lo externo y olvidarse del interior (Lc

11, 37-39). Precisamente porque Jesús sabía que el centro de la Ley era: "la justicia, el amor y la lealtad" (Dt 10, 12-13), se sintió libre para saltarse las observancias farisaicas sobre el descanso sabático. Cuando realiza curaciones en sábado les hace ver que está llevando la Ley a su pleno cumplimiento (Mc 2, 27-28).

Veo a Jesús totalmente "libre para amar" al acercarse con libertad a la mujer que era considerada persona de segunda clase, y hablar directo al corazón con la mujer Samaritana del pozo (Jn 4,1-45) o permitirse ser tocado y besado por otra mujer considerada pecadora; manteniéndose confiado y dando vida al permitir su expresión de amor (Lc 7, 36-50).

Veo a Jesús "libre para amar" al ser capaz de estar a tono con sus sentimientos y no negarse la posibilidad de expresarlos. De emoción: cuando alaba al Padre por haber revelado su amor a los pequeños y sencillos y haberles ocultado todo a los sabios y poderosos (Lc 10, 21-22). De ternura: dejen que los niños se acerquen a mí y no se los impidan porque de los que son como ellos es el Reino de los cielos (Mc 10, 13-16). De tristeza: cuando llora ante la tumba de su amigo Lázaro (Jn 11,35) De necesidad de amistad y descanso: cuando se permite pasar tiempo con sus amigos en Betania, María, Marta y Lázaro (Lc 10, 38-41; Jn 12, 1-11). De indignación y coraje: cuando por decir la verdad es abofeteado y defiende su verdad (Jn 18, 19-23). De angustia: cuando se encuentra orando en el huerto momentos antes de ser entregado (Lc 22, 41-42).

Veo a Jesús "libre para amar" cuando se mantiene con libertad frente a las autoridades civiles. Cuando Pilato lo interroga, guarda silencio sin someterse ante quien ejerce injustamente el poder (Jn 19,10). Jesús no busca ser ambicioso de poder, cuando la gente lo quiere coronar rey, desaparece de ellos (Jn 6, 14). Jesús es libre también ante las autoridades religiosas del momento y los ridiculiza por su búsqueda de los primeros puestos y su voracidad con respecto de los bienes de sus bienhechores (Mc 12, 38-40).

Y veo que Jesús lleva al culmen su "libertad para amar" al enfrentar su propia muerte. Ni la misma muerte le puede quitar su libertad. "No hay amor más grande que dar la vida por los amigos" (Jn 15, 13) Se mantiene firme ante las acusaciones que se le hacen por haber proclamado su mensaje de amor incondicional y por este mensaje entrega su vida.

Veo en Jesús a la "persona humana" por excelencia, que revela lo más noble de nuestra vocación como seres humanos. Hombres y mujeres nos retratamos en este modelo. Las actitudes de Jesús aunque son encarnadas en su ser masculino, son en realidad la muestra de lo que el ser humano en su totalidad está llamado a ser en el aquí y ahora de nuestra vida. Sus actitudes lo hacen ver como una persona plenamente integrada, su ser se permite expresar libremente lo que piensa y lo que siente. Su ser no está dividido entre lo que piensa y lo que hace. Muestra que sus sentimientos y emociones son expresados con autenticidad y realismo, sin ocultarlos o menospreciarlos.

Ante los momentos críticos de su vida en donde el miedo pudo haber cambiado su manera de pensar, se mantiene firme siendo coherente con su mensaje de amor incondicional. Y al recibir la muerte tiene la plena confianza de abandonarse en las manos de su Padre, quitándole así el poder a la misma muerte.

Jesucristo es mi motivación. El es el Señor de mi vida que me sigue llamando y conquistando en los diferentes momentos de mi vida. El es a quien seguiré tratando de imitar en las diferentes circunstancias y etapas de mi vida, porque se que sólo en él puedo ser *"libre para amar"*.

El Pajarito del Bosque

Ve y reune a los jefes de Israel, y les dirás: "Yavé, el Dios de sus padres, el Dios de Abraham, de Isaac y de Jacob, se me apareció y me ha dicho:

Yo he venido a visitarlos y a pedir cuentas a los egipcios por lo que hacen con ustedes. Y quiero sacarlos de toda esta opresión y trasladarlos al país de los cananeos, a una tierra que mana leche y miel".

(Ex. 3, 16-17)

Capitulo 3

El Pajarito del Bosque

INTRODUCCION

Es fabuloso pensar que aún en nuestros peores momentos de esclavitud, en las jaulas que hemos construido en nuestras vidas y aún a pesar de que seguimos inquietos y sentimos que no nos podemos mover, hay siempre alguien que viene a nuestras vidas y se convierte en nuestro mensajero de la libertad.

Muchas veces no es suficiente con que tengamos una inquietud por ser libres, sino que necesitamos de ese alguien que nos da el empujón necesario para tomar decisiones. Yo pienso que este tipo de personas que aparecen en nuestra vida y nos recuerdan lo esencial, para lo que verdaderamente vivimos, son los profetas de nuestro presente. Son los mejores compañeros de nuestro caminar aunque físicamente no esten siempre con nosotros.

Este capítulo está dedicado a todos aquellos que nos han dado ejemplo con sus vidas, con sus riesgos, con sus palabras llenas de aliento; porque vieron en nosotros la jaula y nos llamaron a la libertad.

Muchas de estas personas son reconocidas por las acciones que desarrollaron, y que realizaron cambios importantes en el momento histórico en el que han estado. Pero el reconocerlos a ellos nos ayudará

a seguir descubriendo en nuestra vida "ordinaria", a todos aquellos que sin ser gente de gran fama o renombre hacen clara la vocación al amor. Llamado que todos hemos recibido y que no podemos dejar encerrado en nosotros mismos. Estos "testigos" son nuestros amigos del corazón que nos recuerdan que hemos sido hechos para amar. En algunos casos serán efectivamente verdaderos amigos, en otros son sólo los "compañeros del camino" que sin haber entrado por la vía de la amistad en nuestro corazón, su ejemplo nos ha inquietado.

Esta gente es de lo más ordinario que nos podamos imaginar. Todos están llenos de defectos pues todos han estado en sus propios procesos de integración. Son gente como tú y yo que en su propio contexto histórico siguen luchando contra sus limitaciones, pero arriesgan a vivir situaciones que los han hecho crecer y así es que nos dan ejemplo. Ninguno es santo pero algunas de sus acciones son verdaderamente ejemplos de santidad.

Estas acciones se convierten en esa voz: *"¿Qué haces en esta jaula?, ¡tienes todo pero no puedes volar!. ¡Mira tus alas!. ¡Tú fuiste hecho para volar!."*

Cuántos de nosotros hemos empezado a ver que nos hemos llenado de cosas, pero nuestro corazón se encuentra vacío. Muchas veces porque hemos bloqueado las vías de comunicación hacia nuestro mundo externo que nos invitaría a nuevas experiencias. De pronto ese alguien especial te hace ver que "nada de lo que tienes te llenará", sino sólo la realización de tu *capacidad de amar*. Aquel que te despierta nuevamente y te hace ver la única vocación a la que no puedes decir que no. Ninguna jaula por preciosa y segura que sea debe de impedirte realizarte en el amor. *¡Tú fuiste hecho para amar!*

HISTORIA

Uno de los cambios más significativos de mi vida sucedió después de cuatro años de mi sacerdocio. Había estado trabajando en el Estado de

Tabasco en el sur de México hacia la costa. La experiencia hasta el momento había sido muy rica. Había yo aprendido mucho; de tal manera que cada año mi sacerdocio había crecido con nuevos cambios y dentro de mi ya existía la necesidad de algo más.

De pronto en una reunión con todo el presbiterio llegó un grupo de misioneros laicos y un sacerdote de Rochester, NY. Se encontrarían en Tabasco realizando una misión; en una ranchería cerca de las montañas, por lo tanto quedaban retirados del terrirorio de mi parroquia.

Se presentó para mí la oportunidad de practicar mi inglés con ellos. Pero pronto me dí cuenta que los laicos en verdad, no habían sido capacitados para las demandas religiosas que les pediría la gente de su misión. Así que decidí ayudarlos viajando varias veces al año hasta su parroquia y pasar con ellos algunos días. Me convertí en el consejero del equipo, pues todas las tensiones se descargaron en mí. Pronto una muchacha laica del equipo se regresó a Rochester, y después el sacerdote del equipo, se dió cuenta que las caminatas a las pequeñas iglesias incrementaban el dolor en una de sus piernas; también él decidió regresar a Rochester. Los dos miembros restantes del equipo sostuvieron la misión por algunos meses.

La Diócesis de Rochester entonces decidió enviar a algunos sacerdotes temporalmente mientras se encontraba quien estuviera de una manera permanente.

Volví a viajar a ver al grupo misionero de Rochester y esta véz me encontré con un sacerdote nuevo. Valerie, misionera laica del equipo nos presentó: *"Enrique, te presento a un sacerdote problema de Rochester, Jim Callan. Jim, te presento a un sacerdote problema de México, Enrique Cadena".*

Tal parece que mi historia se dibujaba desde que fuimos presentados. Estaba conociendo a una de las personas que más influencia tendría en mi vida en el proceso de estar descubriendo lo esencial. No había pasado una hora de habernos conocido y en la plática al estar comiendo, Jim me

ofreció el viaje a Rochester. Le había compartido que quería estudiar una Maestría. Inmediatamente me dijo: "¡Ven y ve si encuentras donde puedas estudiar y me ayudas con la comunidad hispana de mi Parroquia!". Por supuesto acepté la invitación.

Cinco meses después me encontraba sentado con todo el staff de la Parroquia de Corpus Christi en la que Jim llevaba varios años trabajando, tal parecía una entrevista de trabajo. Con ellos expuse sencillamente mi manera de ser sacerdote. Inmediatamente se me ofreció la posibilidad de trabajar en la Parroquia y de estudiar la maestría en el Instituto de San Bernardo y empezó la aventura.

JIM CALLAN:
Me dí cuenta que Jim tenía este carisma de invitar a que la gente diera lo mejor de sí. Lo estaba haciendo conmigo pues estaba haciendo posible un sueño que yo tenía. Algo en su interior lo hizo ver en mí la necesidad de seguir creciendo y lo hizo realidad.

En mi vida nunca las cosas han salido fácilmente, así que me encontré con la oposición de los superiores de mi Congregación Religiosa que no querían dejarme ir. Me pidieron esperar un año. La voz de Jim siguió dándome esperanza pues me aseguró que mantendría la posición para mí. Al cumplirse el año tuve que retar a los superiores de mi Congregación para realizar esto que dentro de mí estaba tan claro. Sabía que una oportunidad de esta magnitud, en el contexto de mi vida, no se presentaría nuevamente. En Julio de 1986 llegué a Rochester a trabajar en la Parroquia y a estudiar.

Desde entonces he encontrado en Jim al amigo del camino. Oramos juntos cada mañana y nos compartimos historias para ayudarnos a la preparación de nuestras predicaciones. Nos compartimos con libertad los diferentes momentos de crisis por los que hemos pasado, y nos hemos ayudado a través de nuestros momentos de pérdidas de nuestros seres queridos que nos han traído lágrimas. Pero especialmente, nos hemos

ayudado en recordarnos lo esencial de nuestra vocación humana: *hemos sido hechos para amar*. Nuestros momentos de oración y reflexión del Evangelio han sido una invitación constante a seguir amando a nuestra gente, a seguir abriendo nuestro corazón para aceptarlos a todos y amarlos a todos, sin excluir a nadie.

Constantemente he aprendido de Jim a confiar totalmente en el Señor, pues él hace las cosas como si nada le preocupara, sabiendo que todo depende de Dios. Constantemente me recordaba que teníamos que abrir los diferentes ministerios en favor de los pobres y que la ayuda económica vendría después. Efectivamente así ha sucedido durante muchos años.

Jim me ha recordado muchas veces que es en la cercanía a la gente, a sus problemas y necesidades, que encontraremos la guía del Espíritu para seguir abriendo caminos nuevos que hagan presente el Reino de Dios. Es con la *gente* que hemos sido formados y muchos de nuestros criterios han sido cambiados. Han sido ellos que nos han demandado ser una iglesia que camina con la *gente*.

Y ha sido Jim quien con su testimonio me ha recordado esa verdad del Evangelio de que *"a quien comparte, nunca se le acabará."* El es generoso y ha invitado a todos en la Parroquia a ser generosos, lo cual ha sido un testimonio enorme en favor de los pobres.

Pase lo que pase en nuestras vidas, cualquiera que sea nuestro camino al futuro juntos o separados Jim en mi vida es el amigo que constantemente me ha recordado lo que es esencial. *¡Fuimos hechos para amar!.*

MARY RAMERMAN:
Al igual que Jim, hay otra persona que ha influenciado mi vida de una manera muy especial; que me ha abierto los ojos a una nueva realidad. Esta persona es Mary Ramerman.

Cuando yo llegué a Rochester ella ya estaba actuando como parte del

equipo pastoral en la parroquia. Inmediatamente me impresionó que una mujer joven tuviera una preparación teológica y un llamado similar al que yo tenía como sacerdote. Con ella me di cuenta de un tremendo vacío que existía en mi formación sacerdotal, que había sido orientada entre hombres y para hombres. La formación de seminario carece del elemento "femenino" que se ha marginado por temor. Fué entonces con Mary que empecé a percibir la "nobleza" de lo femenino en la posición de liderazgo "sacerdotal". Empecé a soñar que la mujer pudiera llegar a ser sacerdote algún día y en ella lo veía accesible y posible. ¡Mujeres como ella podían realizar el ministerio sacerdotal!.

Muchas veces cuando yo intentaba hacer mis predicaciones en Inglés, notaba el esfuerzo que la gente tenía que hacer para entenderme, tenían que aguantarse porque yo soy quien estaba ordenado. Pero al escuchar a Mary predicar aún mi espíritu se sentía elevado. Pronto fué obvio para mí, la tremenda discriminación que existe en la Iglesia Católica al no permitir el sacerdocio de la mujer. Yo había trabajado en la formación de líderes laicos durante todos los años de mi sacerdocio. Siempre he creido en que la Iglesia *no depende* del sacerdote ordenado, pues cada vez somos menos. Constantemente en la formación de líderes me di cuenta que la respuesta de la mujer era muy natural a los valores religiosos, así que me había convertido en defensor de la mujer. Especialmente me interesé por traerla al ministerio en la dirección de las comunidades de base y aún en las "celebraciones dominicales" en las Iglesias de la zona rural a las que yo no alcanzaba a llegar.

Pero fué con Mary que pude ver con claridad el llamado a la *vocación sacerdotal de la mujer.*

Ha sido al estar cerca de Mary que he visto algunas de mis actitudes hacia la mujer siendo sacerdote. Vengo de una cultura en la que la mujer es vista "casi al servicio del hombre". En mi caso como sacerdote muchas mujeres han estado cerca de mí, solamente para servir la imagen que el sacerdote tiene por encima de todos. En cuanto a mi actitud ante el ministerio de la

mujer, me he dado cuenta que le concedemos hacer sólo determinadas cosas, manteniendola siempre por debajo. Tantos años han pasado de esto que muchas mujeres se contentan con tener sólo lo que el sacerdote les permite. Por lo tanto el papel de la mujer ha sido estar cerca del sacerdote y servirlo. He sentido que muchas mujeres se relacionaban conmigo por la seguridad que mi papel de sacerdote representa. Para mí esto me hacía sentir que se relacionaban más con la imagen que con la persona. Mary fué quien me ayudó a ser consciente de estos comportamientos que estaba yo teniendo hacia la mujer y ella me retó a tratarla como igual.

Al participar con Mary en mi pequeña comunidad en donde comparto mi vida y mis crisis, he descubierto la tremenda capacidad de escuchar que ella tiene. Su retroalimentación me ha abierto panoramas nuevos en los que mi mundo racional no había entrado.

En ella he visto a la mujer fuerte que ha identificado una misión en su vida y se ha mantenido firme viviendo las consecuencias de esta misión. Mary para mí es una mujer profeta de nuestro tiempo. Esta influencia en mí me recuerda el gran respeto y admiración que tengo por la mujer y me hace soñar en el ministerio sacerdotal de la mujer que esta aún por hacerse. Ella en mi vida es alguien que me recuerda lo esencial y esto es la constante afirmación: *¡fuimos hechos para amar!*.

Jim, Mary y Enrique.

EL "TU" EN LA EXPERIENCIA DE LA LIBERACION

La libertad personal no es algo que podamos obtener únicamente con el esfuerzo propio. Carecemos de la perspectiva de la libertad si permanecemos en el yo.

Construimos nuestras prisiones en formas inconscientes que se hacen costumbres de tal manera que perdemos la capacidad de ver en el lugar que nos encontramos. Necesitamos la experiencia del "tú". Es en el encuentro del tú que llegamos a ver en nosotros mismos el reflejo de nuestra propia vocación.

Un dia me atreví a realizar la pregunta: "¿Eres libre?". La mayor parte de la gente me contestaba de inmediato sin reflexionar; ¡claro que sí, soy libre!. Sin embargo podía darme cuenta que los hacía pensar. Es solamente hasta que alguien llega delante de tí y te pregunta si eres libre, que se realiza el dinamismo de la reflexión y del cuestionamiento de tu realidad. De otra manera pasa el tiempo y nos acostumbramos a seguir dentro de nuestras mismas opresiones.

El "tú" de nuestras vidas nos hace encontrarnos *auténticamente* con el "yo". Y solamente cuando hemos sido enfrentados ante el tú es que dejamos nuestro asiento comfortable y pasamos de la imagen de la libertad como idea para hacerse práctica experiencial. En la salida de "mí" mismo hacia la liberación de "otros" es que experimento mi propia liberación. Por eso encontrarnos viviendo para otros, trabajando por la justicia para otros, realizando acciones de un mundo más humanitario es que me encuentro con la realidad de mi libertad para amar. Es evidente que la *libertad* crece con cada aumento en la capacidad y habilidad para el amor. *Somos libres en la medida de nuestro amor y en los momentos en que realizamos el amor.* Por eso parece imposible el aprendizaje personal de la liberación sin la presencia del "otro".

La formación de nuestra "autoimagen" se realiza gracias a la presencia de

"otros" en nuestras vidas. Desde pequeños toda nuestra imagen se va formando en contacto con el tú que nos visita, cuida y alimenta en la presencia de nuestra madre. El tú viene en esos momentos para hacernos sentir protegidos. Para los primeros tres meses empezamos a responder con una sonrisa ante el trato amoroso de la madre y hacia el octavo mes el reconocimiento de su rostro nos da seguridad.

Sólo con el paso del tiempo, "mirándonos en los ojos del tú" y reconociéndonos en el espejo de sus opiniones positivas, nosotros como seres humanos nos descubrimos como seres *autónomos y diferentes* de otros. Nadie llega a conocerse, a aceptarse y a expresarse como un ser *único e insustituible* sin la presencia y colaboración del tú.

Intuimos entonces que formamos una unidad insustituible con el "tú". Sin el tú es imposible nacer, crecer, desarrollarnos, madurar y sobre todo ejercitar la propia libertad. Se es libre gracias al otro. Sin el otro la libertad no se produce ni tiene sentido.

En la adolescencia experimentamos al tú con una nueva forma que es la atracción sexual, y esta es uno de los símbolos más claros de la necesidad que el yo tiene de otros.

Más tarde en la adultez, el ser humano descubre que la soledad vivida como aislamiento representa el más grave castigo que pueda experimentar. De aquí la necesidad básica de encuentro y comunión con el "tú".

Con la presencia amorosa del "tú", la persona se libera de la opresión de la soledad que sería una forma de esclavitud cuando es signo de egoísmo y desamor.

El encuentro del "tú" en nuestras vidas es principio de cambio y definición de nuestro ser, y en este sentido digo que el encuentro con el otro es el camino de nuestra liberación. Si ponemos atención a nuestra experiencia personal descubriremos que caminamos por senderos que se

han hecho seguros para nosotros y que representan el menor esfuerzo. Sin pensarlo mucho permitimos que esto nos mantenga seguros pero no realizados. Es sólo ante esas personas que se acercan a nuestro corazón y obligan la salida de nosotros mismos, que nos vemos nuevamente con vida hacia nuestra madurez. Es así que estas personas son "agentes de cambio" en nuestro proceso de liberación.

Toda persona que entra en mi vida y se presenta como un "tú" significativo, me abre ante el misterio de su ser. Al encontrarme con una persona que se está dando, que está saliendo de sí mismo, revela no sólo la trascendencia de su ser sino la mía misma. *No podemos ser sólo para nosotros mismos.*

Es esencial a nuestra naturaleza humana salir de nosotros mismos. Cuando pienso que conozco a una persona, descubro que es indescriptible, y cuando siento el gozo con esa persona experimento que es inalcanzable. El tú es un misterio inagotable y me invita a verme como un misterio que tiene que darse.

Cuando ese "tú" que constantemente me llama a ser libre para amar, lo identifico como "Dios"; es entonces que tenemos la experiencia de la "oración liberadora", la oración que se hace con la vida al crecer en el proceso de ser libre para amar. Ese "tú que es Dios", es el ser más inagotable que se refleja en mi propio crecimiento. Nunca deja de visitarnos para hacernos caer en cuenta de nuestras mismas opresiones y jaulas. Su visita es un murmullo suave y tenue en nuestro interior, pero poderoso y abrazador que me deja inquieto y me hace reconocer que he sido hecho para amar.

Las personas que se hacen significativas en nuestras vidas, son aquellas que nos han tocado internamente de maneras tan especiales que su presencia es transformadora. Normalmente experimentamos la emoción como la reacción interna ante su presencia. Cuando la presencia de estas personas realizan el cambio interno del amor, entonces entramos en ese

misterio que nos hace personas nuevas. Pero las personas significativas no son sólo aquellas que realizan emociones en nuestras vidas sino aquellas que dibujan un "camino nuevo". Su presencia en nuestras vidas nos lleva por rumbos que no conocíamos. Recorrer estos caminos con esas personas es sentirnos visitados por alguien que nos recuerda lo esencial.

EL MILAGRO DE LA AMISTAD

"Hace varios años estuve ayudando a una muchacha que tenía una muy pobre imagen de sí misma. Había sufrido mucho de pequeña la ausencia de sus padres y había estado sintiendo que nadie la quería, que nadie ponía atención en ella. Tal era su situación interna de soledad que se reflejaba en su manera de vestir. Su arreglo personal era un desastre. Su pelo parecía no conocer el cepillo. Usaba un suéter muy largo que cubría su cuerpo, tal parecía que se quería esconder de todos.

Pero su soledad se hizo inaguantable y llegó al grupo de jovenes que yo atendía. Cuando estaba desarrollando el tema de ese día noté su presencia al fondo del salón y traté de hacerla participar haciendo preguntas. Oye ¿qué piensas de esto que estoy diciendo? ¿nos quieres compartir tu nombre?... no hubo respuesta de su parte y para no hacerla quedar mal continué el tema. Más tarde volví a insistir soltando otra pregunta, esta vez me acerqué tratando de ver su rostro que estaba escondido detrás de su cabellera que caía a lo largo de su cara. Nuevamente no hubo respuesta de su parte. Me dí cuenta que en grupo no lograría nada de parte de ella, así que esperé al final. Ese día intentó salir sin decirme nada, pero logré decirle que era bienvenida y que me gustaría que siguiera participando con nosotros.

A la siguiente semana se presentó de nuevo, con el mismo suéter largo y su pelo sobre su cara sin ningún arreglo. Esta historia se repitió cada semana por varios meses. Y cada semana intenté dedicarle un tiempo.

Muchas veces fué sólo sentarme a su lado y empezar a compartir cosas de mi vida sin ninguna respuesta de ella. Después de varias semanas empecé a ver algunas lágrimas que salieron de sus ojos que me llamaron mucho la atención pues eran muy bonitos. Con una mayor convicción decidí que ella necesitaba de ser reconocida; así que a lo largo de mucho tiempo hice lo mismo cada semana, sentarme un rato con ella en el que le compartiría de mi vida, dando tiempo a que ella tuviera confianza.

Poco a poco fué compartiéndome algunas cosas de su vida. Cuando esto sucedió vinieron cambios radicales, desapareció el swéter y arregló su cabello. Fué tal el cambio que parecía otra persona el primer día que llegó arreglada al grupo. Por fín logramos ver su rostro que en verdad era bonito pero ella no lo veía así.

Había sufrido mucho y no confiaba en nadie, ni en ella misma. Estaba corriendo un gran riesgo al dejarme entrar en su vida. Decidí continuar con ella a pesar de las críticas de los demás miembros del grupo, que para este entonces estaban celosos de que le diera tanto tiempo a ella. Poco a poco fuí logrando un poco de confianza en ella misma. Pero a pesar de que había logrado mucho en su proceso de recuperación, existía aún un lugar al que no lograba entrar, su corazón estaba cerrado.

De pronto llegó con una sonrisa que no había visto jamás. Se sentó a mi lado y me dijo: "Te tengo una sorpresa... ya tengo novio". Y como si algo mágico hubiera sucedido, se abrío contandome sus sentimientos. Lo hacía en medio de sonrisas que era muy obvio que estaba emocionada y se sentía muy feliz. Alguien que había ofrecido su amor por ella la estaba transformando.

Las incontables horas que había gastado tratando de ayudarla fueron superadas por aquel que se arriesgó a amarla.Los cambios que noté en ella después de haberse sentido amada por esta persona que había entrado en su vida fueron maravillosos. Su personalidad pareció florecer al ser tocada por el *milagro de la amistad".*

El abrazo amoroso de alguien que arriesga a amarnos es capaz de ser más efectivo que muchas horas ante el psicólogo.

Cuando experimentamos al "otro" como un tú concreto que me acepta y me ama a pesar de que confieso mis odios, resentimientos, fracasos, egoísmos, proyectos, fantasías y aún mis ansias de amor, etc. Descubro la posibilidad de aceptarme y valorarme tal como soy. Cuando el "otro" es alguien que desde su experiencia decide amarme me está dando la posibilidad de descubrir su trascendencia y así me da la posibilidad de autotrascenderme. Esto es lo que llamo el *milagro de la amistad*.

"El amigo fiel es refugio seguro; el que lo encontró ha hallado un tesoro". (Si 6,14)

Al tratar de analizar algunos de los cambios más fuertes de mi vida me encuentro que estos han venido a través del trato significativo de mis amigos. Es verdad que ellos han sido mi tesoro a lo largo de mi existencia. Gracias a personas con quienes he experimentado un gran cariño, he sentido la posibilidad de ser retado a cambiar. Y tal parece que el milagro sucede al compartir nuestras historias. El valor de la amistad lo puedo centrar cuando comparto con sencillez y espontaneidad mi propio ser. Esto lo he aprendido de aquellos que lo han hecho conmigo.

Siempre he valorado esas largas pláticas directo al corazón con aquellas personas que se han arriesgado a amarme, esas conversaciones son la transparencia del alma. Es en esos momentos que siento "la visita" de quien me recuerda lo esencial. Compartir es amar, compartir es vivir, compartir es ser libre para dar.

Es importante preguntarnos: ¿con cuántas personas me arriesgo a ser tal como soy? ¿quienes son aquellas personas a quienes conozco y se que me conocen?. Compartir es permitirle al otro entrar en el misterio de mi ser y sólo ahí verse reflejado en su capacidad de amar como en un espejo. No hay mensaje más poderoso dentro de nuestro corazón que el mensaje del

amor incondicional. No hay fuerza más poderosa de cambio que la fuerza causada por el amor. Aquellos que se han arriesgado a amarnos compartiendo sus vidas son agentes de cambio.

"Ya no les llamaré servidores, porque un servidor no sabe lo que hace su patrón. Les llamo amigos, porque les he dado a conocer todo lo que aprendí de mi Padre". (Jn 15,15).

Cuando he sentido que una persona en medio de su donación de amor, me comparte lo que es, me está invitando a romper la jaula de mi egoísmo y abrirme al misterio de esa donación. Es en esos momentos que he aprendido a recibir al otro tal y como el/ella es, sin juicios ni predisposiciones. Recibiendo con gran respeto su vulnerabilidad. Todo esto me hace aprender a amar como un acto de *apertura*. Lo que estoy haciendo es romper mis seguridades y dejar que el otro habite en mí. Romper mi jaula significa responsabilisarme por lo que se me ha compartido y esto jamás me dejará igual.

Cuando una persona ha encontrado en mi corazón su habitación, me ha transformado. El dinamismo que esto realiza en mi vida es una invitación a ver la vida con ojos nuevos. Esta es la fuerza del amor.

Este tipo de relación se puede expresar como una auténtica comunión. Todo ser humano necesita de esta "común-unión en el amor". La simple convivencia y colaboración humanas llegan a ser insuficientes para la satisfacción de nuestra ansia interior. En la comunión el ser humano experimenta el placer de la liberación que lo hace felíz.

Nuevamente en esta experiencia profunda de la común-unión humana que es el misterio de la amistad, creo que estamos tocando algo que es "infinito". La presencia del "tú" increado se revela cercana y accesible en la comunión con el "tú" humano. Creo que dos personas que se aman están en el momento privilegiado de encontrarse con el rostro de Dios al tocar tan cerca la experiencia del amor humano. Es aquí que el amor de

amistad es vehículo claro del amor divino.

Nuestro amor quedaría pobre si no estuviera sostenido por el dador de este don. Dios mismo es el autor de nuestra liberación por el amor y nos dará la oportunidad de reconocerlo en las personas que entran libremente en nuestra historia amándonos.

A lo largo de mi vida he reconocido que soy un romántico sin remedio, y esto me ha hecho valorar a mis grandes amigos. Mis amigas más íntimas que me han sabido amar a lo largo de los años, en mis momentos buenos y malos, son mi tesoro. A ellas debo el milagro que me ha sostenido en momentos de soledad y por ellas siento que he crecido en el amor de generosidad. Es en su amor de amistad que he escuchado la voz interna de alguien más allá de mí que me dice:

"No te quedes estancado, recuerda que fuistes hecho para amar".

LOS POBRES Y SU FUERZA TRANSFORMADORA

Es verdad que el milagro de la amistad es un misterio y en mi vida ha tenido un lugar muy importante. Pero no puedo negar que al ser invitado a salir de mí mismo por personas que me han amado, me hacen sentir el efecto de la emoción. Cuando me siento amado lleno dentro de mí la necesidad de pertenencia. Al sentir mi corazón compartiendo con las personas significativas lleno necesidades básicas de mi ser humano.

Pero he tenido otro tipo de visitantes a lo largo de mi vida, que me han recordado lo esencial. En ellos no satisfago ninguna necesidad y de esta manera me han hecho ver en mí la capacidad de dar sin esperar recibir. Su voz que me invita al amor incondicional ha marcado mi vida. Gracias a ellos he vuelto a encontrar el camino cuando lo estaba perdiendo. Ellos son los pobres.

Mi trabajo desde que recibí la ordenación sacerdotal ha estado

enmarcado por los pobres. Cinco años en el Estado de Tabasco, México al tener a mi cargo 22 rancherías en la zona rural. Durante el tiempo de lluvias los caminos eran intransitables y sólo podía llegar caminando por el lodo. A pesar de las condiciones tan precarias descubrí que la gente era maravillosa, muy alegres y abiertos. Con ellos no tenía que aparentar nada, se alegraban con lo más insignificante.

Especialmente escuché su invitación a salir de mí al ver su generosidad:

*"...**Ignacio** era ministro de la Eucaristía, un día al final de la misa en la ranchería, cuando ya se hacía tarde, me pidió que fuéramos a ver a un enfermo para que le diera el sacramento de la reconciliación y después él continuaría llevándole la comunión. El carro no entraba donde estaba el enfermo así que fuimos caminando. Pasaron más de cuarenta minutos y seguíamos caminando entre parajes en los que yo nunca hubiera andado solo. Por fin llegamos; atendimos espiritualmente al enfermo y al ir de regreso le pregunté, ¿cáda cuando haces tú esto?. y con una gran sencillez en su respuesta me dijo: tres veces a la semana visito a siete enfermos tan distantes como este. Hacer esto le tomaba buena parte del día".*

*"...**Marbella**, una muchacha de veinte años había asistido a todos los cursos de capacitación para los líderes laicos que celebrarían la liturgia dominical y darían la comunión. Su comunidad la enviaba a prepararse, pues todos habían visto en ella su capacidad de servicio. Varias veces al yo llegar a la celebración eucarística que sólo podía realizar una vez al mes, le pedí que ella realizara conmigo la celebración. De esta manera si yo notaba algunas fallas las podría corregir. Las fallas las noté en mí pues la sencillez con la que ella celebraba y hacía la oración me hizo aprender a estar con los pobres".*

Y como ellos muchos más. La forma como ellos me invitaron a salir de mí, fué a través de su testimonio. Después de ver su entrega, lo que yo hacía era simplemente un llamado a vivir en la generosidad.

Algo semejante sucedió con la gente de Chiapas, México. Cuando estuve trabajando en los "cinturones de miseria" de los alrededores de la ciudad de Tuxtla Gutierrez, percibí que al ir hacia los pobres en realidad era ir a escuchar una invitación que salía de parte de ellos: *"¡Ven a estar con nosotros, no necesitas traer nada, necesitamos tu persona!"*. Era como si una voz que penetra el corazón estuviera diciéndome que necesitaba estar con ellos. Esta voz se percibe en momentos especiales:

"...Era el día de la celebración de Nuestra Señora de Guadalupe y por lo mismo era la fiesta principal de la Parroquia en la que me encontraba. Pocas veces había visto como toda una ciudad se mueve en torno a esta fiesta. Grupos y grupos de peregrinos entraban a la Iglesia. Yo me encontraba recibiendo a los peregrinos, cuando de repente veo a un señor en la puerta de la Iglesia tratando de vender una biblia. Cuando me acerqué me pidió que le permitiera vender la biblia. En mi interior pensé que se trataba de alguien tratando de aprovecharse de la fiesta religiosa para ganar algún dinero. Pero lo dejé pensando que si alguien le compraba la biblia estaría bién. Pasó todo el día y ví que el señor estuvo parado en la puerta tratando de vender su biblia sin ningún éxito.

Al día siguiente mientras realizabamos la limpieza de la iglesia, volvió a presentarse este señor y venía con su esposa, me dijo: "Padre, nadie me compró la biblia, y en verdad estamos mi familia y yo necesitados de un poco de dinero". Cuando lo miré a los ojos, y al ver a su esposa algo en mí me hizo sentir que en verdad estaban necesitados y que no se trataba de alguien que abusaría del momento. Así que negocié el darle el dinero que pedía por su biblia, pero que yo no necesitaba la biblia así que él la podría conservar. Y él me dijo que regresaría a darme cuentas de lo que haría con el dinero a fin de alimentar a su familia. Nunca pensé que regresaría. Pero a la semana me encuentro que me estaba esperando y sólo venía a darme cuentas de lo que había logrado. Por fin conocí su nombre, José y su esposa Sara. Había comprado todo lo necesario para realizar un pequeño negocio de

José (Foto por Yelitza Serrano).

"tacos en una canasta" y los venderÃa por el mercado.

José no tardó mucho en presentarme a cada uno de sus hijos y en abrirme las puertas de su casa. Me daba cuenta que me había abierto ya las puertas de su corazón. En su sencillez me hizo ver que un acto de generosidad puede ser capaz de hacer cambios radicales en las vidas de otras personas.

José se ha convertido con los años en una figura central con la gente que va de Rochester a vivir el retiro con los pobres de Chiapas. El ha recibido en su casa a numerosas personas y creo que todos hemos podido percibir que al entrar en contacto con José y su familia algo tan profundo sucede en nuestro interior que no nos deja siendo los mismos".

Es en los pobres como José que he encontrado ese llamado a entrar en mi interior y seguir pensando que no puedo pasar de largo ante el hermano tirado en el camino. Su sola presencia interpela mi existencia y me hace preguntarme: ¿si tengo la capacidad de detenerme, bajar de mi posición y hacerme cercano, compartir lo que soy gastando tiempo con ellos, descubrir sus necesidades y atenderlos, hacerlos sentir que me detengo porque son parte de mí, porque somos caminantes del mismo camino? (cfr. Lc 10, 30-36).

Los pobres me han hecho ver que su existencia no tiene nada de romántico. Con frecuencia el "ciclo vicioso" de la pobreza es desbastador

y muchos de ellos son cautivos de situaciones en las que no sienten tener salida. Me he dado cuenta que si me encontrara en situaciones similares a las que ellos pasan estaría verdaderamente desesperado. Me pregunto si tendría aún la capacidad de sonreír como ellos lo hacen.

Es en ellos que he escuchado la voz del "visitante" que entra en mi vida y me hace ver con ojos nuevos la realidad. Me invita a ver con los *ojos del corazón* en donde los valores de este mundo pierden su sentido y nos encontramos con valores que van más allá de lo que percibimos. Es aquí que nos encontramos con el rostro de la *generosidad*, que nos hace entrar activamente a nuestra capacidad de amar.

Mis años de sacerdocio en Rochester han estado marcados específicamente con los líderes de la parroquia de Corpus Christi a trabajar con una "opción preferencial por los pobres". La alegría que he experimentado aquí es compartida por todos los miembros del equipo pastoral. Nos reunimos para compartir las historias diarias de los ministerios que tenemos sirviendo a la gente pobre de la ciudad. Hemos aprendido a tener un gran respeto por los moribundos en sus últimas semanas de vida, en el ministerio de la *"Casa de Isaías"* que es la casa de los moribundos. Hemos compartido los gozos en los pequeños pasos que dan los ex-convictos al caminar con los encargados de la *"Casa de Rogers"* que es el ministerio de las cárceles. Tantas historias que hemos compartido con los visitantes de la *"Casa de Dimitri"*, que es la casa de los que están en recuperación de alguna dependencia y de la gente que anda en las calles. Las esperanzas y los gozos de los pacientes y de los doctores que son voluntarios en el *"Centro de Salud"* que atiende especialmente a los que no tienen seguro médico. La cantidad de historias de gentes que han llegado al *"Closet de Mateo"* que es el ministerio de ropa decente a bajo costo para los pobres. Y las muchas historias de los niños en el ministerio de *"Cuidado de Niños"*. Todas son experiencias con los pobres que son servidos en la parroquia. Todos en el equipo pastoral y los que están envueltos en los ministerios hemos visto esa luz en los rostros de los pobres.

En nuestros días aprender a caminar con el pobre es un reto. No se trata sólo de dar una donación a una organización que realizará la ayuda por nosotros. Se trata más bien de encontrarnos con el rostro del pobre y descubrir que su historia y la mía no son diferentes. Aprender a caminar con el pobre es reconocerlo como hermano o hermana y ayudarle a que salga de su situación. Vencer la pobreza que otra persona tiene es la tarea de esa persona; pero al entrar en su vida y darme cuenta de su situación, mi apoyo humano lo puede ayudar a tener nuevos horizontes y sentirse capaz de vencer su situación.

Es por eso que ellos, los pobres, son una voz clara que nos invita a regresar a lo que es *esencial*. No reproducirá ganancias económicas para nosotros, pero nos hará reconocer el gran tesoro de nuestro propio corazón. Para lo que realmente existimos, que es nuestra vocación para amar.

Cuando estés entrando en contacto con los pobres, sea la situación que sea, ¡afina tu sentido de escucha con el corazón!, pues te encuentras con el visitante que llega hasta tu jaula y te recuerda que ese no es tu lugar; que tienes que ver tus alas y ellas apuntan a tu vocación.

AGENTES DE CAMBIO

Muchos de nosotros hemos encontrado ejemplos profundos en nuestras vidas, a través de gentes que quizás jamás encontramos físicamente. Son aquellos que han dejado un ejemplo profundo que ha marcado la historia, por acciones que realizaron, en las que fueron capaces de mostrar un amor en libertad. Muchos de ellos son personajes conocidos por todos, pero muchos de ellos son solo ejemplos de encuentros pasajeros, que nos dieron un testimonio aunque no llegaron a ser noticia.

Cuántos de nosotros tenemos comportamientos que fueron modelados por una simple acción que alguien tuvo en favor de otros, que quizás nadie percibió, pero que para nosotros se quedó como un recuerdo imborrable.

Y esto que es esencial, es tan poderoso que queda sellado en nuestro interior, como un recuerdo que nos modela y transforma a través de los años.

*John, un hombre que salió de prisión, me hizo este comentario: "durante varios años que estuve en prisión me admiró que **Jim Smith** director de Rogers House que ha sido el ministerio de las cárceles de la Parroquia de Corpus Christi, nunca dejó de asistir. Me hizo sentir que había algo bueno en mí. Ahora sé que si él hizo ese sacrificio por mí, yo tengo que hacer mucho más por mí mismo". John lleva varios años fuera de la prisión; en los que ha logrado salir adelante y recientemente me presentó a la muchacha con quien quiere casarse y formar un hogar estable.*

El simple ejemplo de alguien que fielmente creyó en él, ha cambiado su vida. Una acción que no aparenta mucho, pero la fidelidad de Jim ha significado nueva vida para esta persona, y para otros como él.

De la misma manera, el espíritu de otro miembro de la Parroquia de Corpus Christi que ha tenido un tremendo impacto en las vidas de otros...

*Los que hemos tenido el privilegio de conocer a **Kathleen Quinlan**, hemos percibido su gran amor por la vida. Un día Kathleen llegó compartiéndonos a todos en el equipo parroquial, que había celebrado sus 50 años arrojándose en el tobogán olímpico de Lake Placid, y que esta experiencia la había llenado de vigor. Todos nos maravillamos de la increíble pasión que Kathleen tiene por la vida, de la alegría de hacer cosas que jamás había hecho y la pena que sentía de ver a otros muy jovenes viviendo con temor. Pero quienes la conocemos hemos visto que su amor a la vida viene por su cercanía con los moribundos. Kathleen es la directora del la casa para los moribundos otro ministerio de la parroquia. Su pasión por la vida viene de su capacidad de misericordia por aquellos que están en sus últimos dias. Ayudar a otros a bien morir la ha hecho valorar la vida.*

Y para mí, y estoy seguro que para todos los que hemos estado cerca de ella, nos ha ayudado a ver la vida con ojos nuevos y vivirla en toda intensidad. Su testimonio es callado y sencillo pero ha sellado las vidas de muchos de los familiares que han visto morir a sus seres queridos en esa casa.

Todos tenemos a esas personas en nuestras vidas. Con acciones pequeñas que para nosotros han sido grandes, con acciones calladas que en nuestras vidas cobran una gran voz y hacen estruendo. Estas son imagenes de nuestras vidas ordinarias pero con acciones de una gran santidad.

Otros son naturalmente los personajes que han marcado el camino de la liberación para el amor. Son aquellos personajes de nuestro tiempo que con sus actitudes modelan lo más noble del espíritu humano, que sigue clamando por la gran liberación. Algunos de ellos han arriesgado todo para dar un mensaje que todos necesitamos, y al que nos habíamos hecho ciegos.

Para mencionar algunos de los más cercanos a nuestro tiempo:

¿Quién puede hacerse ciego ante el testimonio contundente de una **Teresa de Calcuta**?. *Mujer pequeña y frágil pero con un corazón capaz de abrazar a los más pobres de entre los pobres dándoles la dignidad que necesitan para morir como seres humanos.*

Un **Nelson Mandela** *con un espíritu firme por la liberación de su pueblo en Sud Africa. Capaz de soportar 27 años en prisión, protestando con acciones de desobediencia civil, tratando de desmantelar el sistema cruel de Apatheid y mantener el sueño vivo hasta salir y lograr conducir a su pueblo al ser elegido presidente.*

Dorothy Day, *Nacida en 1897. Comenzó el movimiento del "Catholic Worker" en 1930. Abrió varias "cocinas para los pobres" a lo largo de los Estados Unidos incluyendo la "casa de hospitalidad de San José, en Rochester NY. Asumió su responsabilidad por ser pacifista condenando la participación de los Estados Unidos en la II Guerra*

Mundial y el bombardeo nuclear en Hiroshima y Nagasaki. Fué arrestada numerosas veces por acciones de desobediencia civil. Y fué la editora del periodico "El Trabajador Católico" que específicamente defendía los derechos de la clase trabajadora.

Susan B. Anthony *Aunque fué una gran activista en contra de la esclavitud, es mejor conocida por su defensa de los derechos de la mujer. En 1872 abiertamente dasafió a la ley federal que prohibía a las mujeres el derecho de votar. Al entrar en Rochester NY a una casilla de votación fue llevada a juicio. Se le ordenó pagar una multa por la acción que había hecho a lo que ella respondió: "No pagaré ni un centavo por esa multa injusta". Nunca lo hizo. Su desobediencia civil trajo el principio de el derecho de la mujer a votar; lo que sucedió poco después de su muerte en 1906.*

César Chavez: *(1927-1993) Nacido de una familia mexico-americana; vivió en el suroeste del país. Su familia perdió su pequeña granja convirtiéndose en trabajadores del campo. De esta manera César se hizo consciente de la gran explotación causada a los trabajadores del campo, especialmente los ilegales quienes quedaban desprotegidos de las leyes del trabajo. Ayudado por un sacerdote y después entrenado por activistas comunitarios, tomó la decisión de convertirse en un organizador de los trabajadores. Fundó una unión (UFW) que en el área de California se dedicó a la protección de los trabajadores realizando boicots. En su lucha asumió los principios de la no-violencia y su estilo de vida fué en simplicidad manteniendo un salario como el de los trabajadores.*

Rosa Parks: *En Diciembre 1 de 1955 al ir viajando en un autobús rehusó el tener que darle el asiento a un hombre blanco, (ella siendo una mujer de color), en Montgomery, Alabama. Esta acción desencadenó una serie de protestas a nivel civil, por 300 años de discriminación racista en los Estados Unidos. Se le reconoce ahora como la Madre del Movimiento de los Derechos Civiles en favor de la gente de color.*

Martin Luther King, Jr.: *Apóstol de la Libertad (1929-1968). Al día siguiente de que Rosa Paks fué puesta en prisión. Apareció la figura de Martin Luther King, quien en una pequeña iglesia de Alabama proclamó: "Como ustedes saben mis amigos, llega el momento en que uno se cansa de ser pisoteado por el pie de hierro de la opresión". King se convirtió en el líder del movimiento negro por la liberación.*

El mismo narró un momento cumbre en su vida y este fué en un momento de debilidad. Había recibido una amenaza de muerte y llegó al límite de sus fuerzas. Desesperado entró en una cocina y en el silencio del lugar sintió escuchar la voz de Dios que le decía: "Mantente firme en la lucha por la rectitud, en la lucha por la justicia, y en la lucha por la verdad. Y no temas que Yo estaré contigo". Después de este momento estuvo listo para enfrentar lo que fuere. En 1963 en Washington, D.C. dió su famoso sermón "Yo tengo un sueño" en el que resumía la imagen esperanzadora de una America redimida por el poder del amor, en la medida de dar primacía a la libertad. Se convirtió en uno de los campeones de la no-violencia. Unificó a los pobres de color dándoles voz.

King fué asesinado; pero su esfuerzo culminó en los derechos de igualdad a toda la gente de color.

Mohandas K. Gandhi: *(1869-1948) Es el héroe del movimiento por la independencia de India. Es quien dió fuerza a la teoría de la no-violencia como principio vivificador de cambio político. La figura de Gandhi tiene un gran atractivo pues es alguien que fué formado en el cristianismo pero que rechazó la organización cristiana centrándose en los valores de Cristo. Estos valores lo conectaron con su fe Hindú. Esta fe abierta a valores más universales como la fe en la verdad que no podía separar de la lucha pública por la libertad y la justicia.*

Escribió su propia interpretación del "Sermón de la Montaña" en el que enfatizó la ley del amor. Vió a Jesús como la máxima expresión de

la no-violencia, con un sufrimiento redentor hasta la muerte. Manifestó el ejemplo de Jesús el "servidor amoroso" como la base de la verdadera religión.

Se le considera como una de las más grandes expresiones de la no-violencia.

Oscar Arnulfo Romero*: (1917-1980) Su elección en 1977 como Arzobispo de San Salvador había alegrado a la oligarquía que se encontraba gobernando en ese lugar. Pues se le consideraba piadoso y relativamente conservador. Nadie se imaginó que en tan corto tiempo se convirtiera en una voz profética, y se le reconoció como "la voz de los que no tienen voz". Sus cambios vinieron con la celebración del funeral de un sacerdote amigo, el P. Rutilo Grande asesinado por su compromiso con la justicia social en su parroquia. Después de este acontecimiento su voz se escuchó en el radio denunciando al ejército y sus tácticas como violaciones a los derechos humanos. Romero definió la opción preferencial por los pobres no sólo como prioridad pastoral, sino como una característica de la fe cristiana.*

En medio de una situación que empeoraba con la guerra civil, la voz del Obispo Romero se volvió a escuchar: "En el Nombre de Dios, en el nombre de nuestra gente atormentada cuyos lamentos se escuchan hasta el cielo, les pido, les suplico, les obligo que paren la represión". " La sangre de los martires vivirá en la memoria del pueblo en su lucha por la libertad". "Si me matan viviré en la gente Salvadoreña".

Samuel Ruíz *(Tatic): Obispo de San Cristóbal de la Casas en Chiapas, México. Aún vivo y luchando por su pueblo indígena que tuvo que levantarse en armas para denunciar la injusticia social que sufren como los pobres de entre los pobres. Mediador de la paz entre el gobierno mexicano y el movimiento armado de los zapatistas. Promotor de una Iglesia indígena invitando a que la Iglesia Católica Romana abra sus puertas a las costumbres indígenas que son*

integradas en el cristianismo. La comunidad indígena cariñosamente lo llaman "Tatic" en su dialecto propio. Impulsor de la dignidad de la persona llamando a toda la Nación Mexicana a tomar la causa del indígena como hermano.

(Cfr. All Saints por Robert Ellsberg)

Cuántos más podríamos enumerar que tienen una voz actual. Es en ellos que hemos encontrado huellas a seguir. Todos han estado en una situación concreta en la que no pudieron callar. Su testimonio se ha convertido para nosotros en ejemplo. Ellos son entonces compañeros del camino. Su testimonio, su lucha, su valentía nos marcan el camino y nos invitan a poner atención al momento histórico en que vivimos.

¡No podemos callar mientras exista injusticia ...!
de lo contrario todos ellos nos lo demandarán.

El Pajarito en la Jaula y su voz Interna

Los secretarios israelitas se vieron en grandes apuros. Al salir de la casa de Faraón se encontraron con Moisés y Aarón, que los esperaban, y les dijeron: "Que Yavé examine y juzgue. Ustedes son culpables de que Faraón y sus capataces nos hayan tomado odio. Ustedes han puesto la espada en sus manos para matarnos".

Se volvió entonces Moisés hacia Yavé y dijo: "Señor mío, ¿por qué maltratas a tu pueblo?, ¿por qué me has enviado? Pues desde que fuí donde Faraón para hablarle en tu nombre, está maltratando a tu pueblo, y Tú no haces nada para librarlo".

Yavé respondió a Moisés: "Ahora verás lo que voy a hacer con Faraón. Yo seré más fuerte que él, y no sólo los dejará partir, sino que él mismo los echará de su tierra".

(Ex. 5,19-6,1)

Capitulo 4

El Pajarito en la Jaula y su voz Interna

INTRODUCCION

No hay nada más dramático en nuestra vida que el enfrentamiento con nuestra propia conciencia. Llegar al momento en que logro callar todas las voces externas que me piden que actúe de un modo o de otro. Llegar al momento en que me encuentro ante mi propia verdad. Llegar al momento en el que si no actúo desde el centro de mi ser, todo lo que hago y lo que soy pierde sentido. Esto es entrar a mi conciencia.

No sólo es una voz normativa que ha asimilado todos los mensajes del "deber ser" y que conduce mis acciones, sino que es la voz interna que me permite seguir siendo auténticamente el que soy. Es el clamor de mi verdad. Es la esencia de mi ser. Es la voz eterna de mi Creador que me sigue llamando a ser para lo que fuí creado. Por esto es la voz de la inquietud.

Y la más terrible realidad es que esta voz solo la escucho yo. En esta experiencia estoy totalmente solo. Mi respuesta no puede depender de las acciones de otros. Es necesario acallar lo que otros estan diciendo, para poder escuchar esta voz. Al entrar en mi centro, en mi conciencia, es entrar a lo más íntimo de mi ser. Ahí soy frágil por ser creatura, pero ahí

soy fuerte porque es donde escucho la voz de mi Creador.

Aprender a escuchar esta voz interna es aprender a escuchar aquello que desde dentro de mí pide plenitud. La parte que busca crecimiento y forza el cambio. Escuchar esta voz es afirmar nuestro propio ser y su verdad aunque a otros no les guste. Es decidir caminar por donde yo creo encontrar plenitud aunque otros me digan que no. Escuchar esta voz es decubrir mi verdad aunque otros tengan su propia verdad.

Escuchar esta voz interna y actuar en ella es perder popularidad y en ocasiones encontrar la cruz, tal y como Jesús la encontró. Pero es sólo esta voz la que da sentido a la vida y nos hace caminar auténticamente aunque este camino sea muy solitario.

HISTORIA

Cuando estuve trabajando en Chiapas me tocó vivir una experiencia que me puso en contacto con esos momentos en los que nuestra conciencia se hace clara. Estos momentos parecen estar siempre en lugares fronterizos, "a las orillas", casi momentos de vida o muerte.

"Era tarde y venía yo llegando de haber celebrado en la zona pobre en que me encontraba trabajando y en cuanto abrí la puerta de la Parroquia, sonó el teléfono. Contesté y escuché una voz lejana que me decía: "por favor padre,¡ preséntese a la cárcel del Estado y pregunte por el Padre Joel a quien han agarrado preso y no se mueva de ahí hasta que le dejen verlo; de otra manera lo desaparecerán!". Inmediatamente llamé a otras personas entre ellos un abogado y les pedí que me acompañaran. Primero nos negaron que tal sacerdote estuviera preso. Pero insistimos y finalmente otro oficial nos dijo que en verdad estaba ahí, pero que no lo podíamos ver. Entonces les hicimos notar que varias personas y yo sabíamos de que el padre estaba ahí y así impedíamos que intentaran dasaparecerlo esa noche.

Al día siguiente la prensa local se encargó de divulgar la noticia, que por supuesto cada quien contaba a su manera. Se acusaba al padre Joel Padrón del poblado de Simojovel de la Diócesis de San Cristóbal de Las Casas, de haber organizado un levantamiento armado de los Indígenas Tzotziles de esa región para invadir unas tierras que aparentemente pertenecían a ganaderos. Se acusaba al padre de traer armas, y de promover a los indígenas a levantarse en armas. Como siempre las noticias querían hacer impacto. ¿Cuál sería la verdad que estaba detrás?. Yo como observador de los acontecimientos estaba atento a encontrar la verdad; ya que sin buscarlo esa llamada por teléfono me había hecho entrar en el asunto.

Inmediatamente representantes de la Diócesis de San Cristóbal de las Casas, llegaron; y fué así que me enteré que todo el poblado de Simojovel de donde era el padre, había iniciado una marcha y se dirigían a la ciudad para rescatar a su sacerdote. Tres días les tomaría el llegar caminando. Supe entonces que por diferentes razones no podrían ser recibidos en la Catedral de la ciudad, y entonces mandé noticia que los recibiríamos en la Parroquia de Nuestra Señora de Guadalupe que estaba en la calle principal, solo a unas calles de Catedral y del Palacio de Gobierno.

La llegada de los Indígenas creó un gran conflicto que mucha gente desaprobó; y a muchos molestó. Ellos bloquearon la calle central de la ciudad y se instalaron en la Parroquia. ¡La Iglesia parecía un campamento indígena!. De pronto nuestro comedor se vió invadido por el Obispo de San Cristóbal de las Casas, Samuel Ruíz; otros sacerdotes de la Diócesis y la prensa internacional. Evidentemente estaba presenciando algo que se tornaría en un momento de "vida o muerte". Un momento en el que la verdad de la persona del padre Joel sería retada, un momento en el que se encontraría solo; no únicamente por estar en la cárcel, sino que se encontraba en esa soledad que retaba su propio ser y el sentido de su vida.

Los días fueron pasando y se hicieron semanas. El padre seguía en la carcel. Y mientras afuera el drama se desenvolvía buscando una negociación con el Gobernador y después con el Presidente de la República, el drama que vivía el padre Joel era con su propia verdad.

El Gobernador presentó sus propuestas en las que el padre tendría que dejar el estado y ya no debería de servir como sacerdote a ninguna comunidad, y entonces sería liberado. Esta propuesta vino cuando el padre llevaba varias semanas en la cárcel. Tiempo suficiente para haberse encontrado con sus miedos y temores, tiempo suficiente para haber empezado a sentirse frágil y necesitado de ayuda; y sin embargo su respuesta vino desde el centro de su ser, en ese momento en donde se está enfrentando a la misma muerte, es cuando la verdad es más clara. "No abandonaré a mi gente ni su lucha por la justicia aún a costa de mi propia libertad o de mi propia vida".

El Obispo Samuel también dió testimonio diciendo: "con la verdad no se hace negocio, la verdad es y se tiene que respetar". Don Samuel se fué directamente al Presidente para solicitar la libertad del padre Joel, denunciando la forma injusta en la que se le había detenido y la falsedad de las acusaciones hechas en su contra. Crear conciencia en una comunidad no significa estarlos invitando a las armas, pero sí significa despertarlos ante las realidades injustas que se les han

Marcha de protesta.

impuesto, y ésta es una verdad con la que no se puede negociar, porque ésto es el Evangelio".

El padre Joel fué liberado después de dos meses. Permaneció en el Estado y siguió trabajando por su gente en el mismo poblado. Su espíritu después de este acontecimiento parecía más fuerte que nunca y dijo: " Me encontré con una parte de mí mismo como nunca lo había hecho". Su vida parece tener más enemigos, pero la claridad de sus palabras han mostrado una mayor seguridad y convicción en su persona.

Después de estos acontecimientos, en mis reflexiones la enseñanza fué clara: "Si el padre hubiera querido salvarse y renunciara a la causa de los indígenas, hubiera alcanzado su libertad prontamente; pero hubiera quedado encerrado en una cárcel más grande de la que ya no podría salir. Al mantenerse firme desde su interior nos dió testimonio de su verdad y su libertad. Nadie se la podía quitar aunque lo hubieran matado".

Obispo Samuel Ruíz.

ENCONTRANDO NUESTROS MAS PROFUNDOS DESEOS

El primer impacto que tenemos al entrar a nuestro interior, permitiéndonos escuchar esa voz interna de nuestra conciencia, es la necesidad de *simplificar nuestra vida*. Pero al decir ésto recuerdo la reacción de mucha gente con quien he platicado y en cuanto escuchan que es necesario cuestionar nuestro estilo de vida, la imágen que se les viene a la cabeza es la de perder las cosas que han logrado. Claro que todos tenemos miedo a perder las cosas. Por eso quiero insistir en que simplificar no es perder sino ganar.

Cuando simplificamos nuestra vida lo que estamos haciendo es realizar una jerarquía de valores sobre las cosas y las actividades en las que consumimos nuestra energía. *Simplificar debería ser enfatizar aquello que nos da vida, aquello que es lo que me permite gozar y realizarme, enfatizar aquello que es realmente importante.*

Cuando valorizamos lo que hacemos obviamente desvalorizamos ciertas cosas que no son las que realizan mi persona.

Lo que pasa es que en nuestros estilos de vida hemos puesto una cantidad de cosas que son innecesarias y realizamos una cantidad de cosas que son sólo compromisos que no nos dan vida. Con ésto tenemos un resultado de que hay por lo menos un 60% de actividades que hago que no son las que quisiera hacer. Y si ponemos atención a las cosas que tenemos también encontramos un 60% de cosas que no son esenciales.

Un ejemplo de ésto, es algo que siempre me ha molestado, que es lo que yo llamo *"los comedores museo"*. En casi cada casa hay un comedor grande y bien dispuesto, con muebles que costaron mucho dinero y los platos para las ocasiones especiales. El comedor ocupa todo un cuarto de nuestra casa y sólo se usa cinco veces al año. Durante el resto del año comemos en un rincón de la cocina con los platos del diario. Esto que hacemos con el comedor lo hacemos con una cantidad de cosas que no son esenciales a nuestra vida.

Insisto que el énfasis para simplificar nuestra vida debe de estar en lo que *verdaderamente descubro como importante, y que permite expresarme y ser el que realmente soy.*

Al mencionar a cantidades de personas que nos han dado ejemplo insistí en que ninguno de ellos es o era perfecto. Todos estamos trabajando en areas de nuestra persona en las que tenemos que crecer y todos tenemos que seguir realizando ese viaje a nuestro interior que nos permita seguir descubriendo lo que es esencial.

Siempre me llamó la atención que algunas de las personas que han sido ejemplos enormes para mí, tenían otras áreas en las que no eran buen testimonio. Un Ghandi por ejemplo, es fabuloso su convicción por la no violencia y su pasión por el cambio social de su gente, y sin embargo su relación personal con su esposa era muy deficiente. Y así podríamos encontrar fallas en cada uno de nuestros personajes. Y lo mismo podremos decir de tí y de mí. Claro que somos imperfectos y en este camino estamos todos. Pero al entrar a nuestro interior, cada uno sabemos lo que tenemos que hacer y entre más enfatizamos y simplificamos nuestro camino, más seremos capaces de ir venciendo nuestras propias debilidades.

De esta manera yo he visto que simplificar mi estilo de vida tiene un contenido interno y otro externo:

El Interno, implica el descubrir ¿qué es lo que me da energía? ¿cuáles son las cosas que amo realizar? ¿dónde descubro mi pasión?¿qué es lo que mueve mi corazón? ¿qué es lo que me da gozo?. Este es el trabajo interno que tenemos que realizar. Es en verdad una tarea de concretización y de integración. Al dar respuesta a éstas preguntas estoy definiendo mi persona; estoy así más cerca de lo que realmente soy.

Al hacer ésto estoy haciendo brillar mi tesoro personal. Es preciso decir que la mayor parte de las cosas que me dan energía son aquellas en las

que soy bueno. Descubriré una serie de cualidades en mi persona que me permiten hacer aquello que amo hacer. Pongamos atención a ésto porque las cosas que más te gusta realizar estan apuntando a una serie de cualidades que se te han regalado y quizás no hayas desarrollado aún.

Por ejemplo: si descubres que te gusta la fotografía es muy probable que ésto apunte a una serie de cualidades artísticas que vayan más allá de la pura fotografía y pudieras desarrollar capacidades hacia la pintura, la decoración y aún más profundo hacia el desarrollo de la belleza del ser humano, el arte de construir la belleza interna de las personas.

Al realizar este trabajo interno de simplificación entonces experimentaremos un gran gozo. Dedicar más tiempo a lo que me gusta y para lo que soy bueno es un camino de plenitud.

En la medida en que realizamos este trabajo interno entonces viene el segundo aspecto de la simplificación de nuestras vidas, éste es *el trabajo externo*: ¿qué es lo que no necesito y está de más? ¿qué es lo superfluo que me consume energía y pudiera dejar atrás? ¿qué es aquello que me exige tiempo y no me da gozo?.

Aunque llamo a éste segundo aspecto lo "externo" no significa que deje de tener conexión con el trabajo interno. Para muchos el llegar a reconocer que están en un trabajo que no los hace felices y necesitan dejarlo, implica un trabajo interno fenomenal. Para otros el desprendimiento de propiedades no se logra sin hacer un trabajo interno que les permita descubrir qué es lo mejor para ellos.

Es preciso ver que el simplificar nuestros estilos de vida es en realidad *encontrar nuestros más profundos deseos*. En la medida que seamos personas con una jerarquía de valores que nos preparan a desarrollar nuestra capacidad de amar entonces en ésta medida nuestra vida será mas simple y ésta se transparentará en nuestras actitudes.

Cuando en lo más profundo de mi "ser" me dispongo a escuchar mi capacidad de amar que me abre al encuentro del "otro", entonces mi conciencia se formará con los valores del amor y éstos tendrán prioridad.

Sólo aquí en nuestro interior en toda simplicidad podemos escuchar la ley que forma al corazón *"¡Vengan los bendecidos por mi Padre! Tomen posesión del reino que ha sido preparado para ustedes desde el principio del mundo. Porque tuve hambre y ustedes me alimentaron; tuve sed y ustedes me dieron de beber. Pasé como forastero y ustedes me recibieron en su casa. Anduve sin ropas y me vistieron. Estaba enfermo y fueron a visitarme. Estuve en la cárcel y me fueron a ver... En verdad les digo que, cuando lo hicieron con alguno de éstos más pequeños, que son mis hermanos, lo hicieron conmigo".* (Mt 25,34-36. 40)

Simplificar nuestra vida es sintonizar con nuestros más profundos deseos y éstos son los que descubren lo esencial de nuestra persona.

Ahí en lo más íntimo de mi ser donde me encuentro a solas conmigo mismo y me enfrento a mi propia verdad puedo descubrir que lo más esencial es mi capacidad de amar. Esta es la ley de mi conciencia y ninguna jaula podrá inpedirme escuchar esta voz interna que me llama a ser "libre para amar"

ENFRENTANDO NUESTROS TEMORES

En el proceso de escucha de la voz interior sucede un fenómeno que todos hemos experimentado alguna vez. Es tan poderoso que tiene la fuerza de paralizarnos y frustrar nuestro crecimiento a la libertad. Este fenómeno es *el miedo.*

El miedo es una reacción psicológica-física que afecta todo mi ser y puede condicionar mi conducta.

La reacción psicológica es el resultado de la inseguridad de mi persona ante lo desconocido, ante lo que no tengo control. Sabemos que en nuestra sociedad hemos creado comportamientos a partir del control que tenemos de las cosas y hemos igualado control con seguridad. Por lo tanto todo aquello que se sale de mi control y me pone ante la inseguridad de lo desconocido me hace vulnerable. Este no es un lugar en el que quisiera estar.

El camino de nuestra liberación, es escuchar una voz interna que me dice que hay algo más grande que mi mundo seguro y comfortable en el que me he acostumbrado a vivir. Esta voz de mi conciencia me repite incesantemente que tengo que arriesgar a caminar en lo desconocido para lograr la libertad que me da plenitud.

Por lo tanto podríamos decir que el camino que me lleva a realizarme totalmente como persona está al lado opuesto de lo que la voz de la sociedad y de las instituciones me dicen al pedirme caminar por lo establecido y seguro.

El miedo tiene la fuerza de paralizarnos.

"Mientras estaba en Chiapas, preparé unas vacaciones con algunos amigos, entre ellos una pareja de esposos. Iríamos a recorrer la costa de Quintana Roo por lugares poco conocidos. Nuevamente como nuestra economía era pobre el viaje sería acampando donde pudiéramos. Nos emocionamos y empezamos a conseguir lo necesario.

Esta pareja de amigos nunca habían acampado. Al principio se emocionaron e hicieron la compra de la tienda y de todo lo que necesitarían para esos días. Pero a ella se le ocurrió platicar con sus padres que iría de viaje durmiendo en una tienda, en lugares desconocidos. Sus padres inmediatamente reaccionaron diciendo que eso era inseguro y aún más, muy peligroso. Insistieron en que podía

haber gente que los asaltara y pudiera quitarles todo. Que no entendían cómo era posible que su esposo la pusiera en ese tipo de peligros. El por su lado leyó que durante el mes de Octubre que era cuando realizaríamos el viaje suelen ocurrir huracanes.

Cuando los dos se reunieron y platicaron sus temores el huracán del miedo ya había entrado en ellos. Creció tanto que al estar acercándose los días de nuestra partida en lugar de tener alegría, encontramos en ellos una gran angustia que los llevó a discutir y pelear constantemente. A consecuencia de estas peleas rompieron con el resto del equipo y decidieron no ir a las vacaciones.

Tenían todo comprado y el temor de enfrentar lo desconocido los paralizó.El resto del equipo gozamos de unas "fabulosas vacaciones".

El miedo tiene el poder de paralizarnos y no dejarnos crecer. Y es mucho más poderoso cuando no sólo es por lo que pueda pasar en unas vacaciones, sino por lo que pueda suceder en el interior de mi propio "ser". El efecto de paralizar nuestro interior es más devastador para nuestro crecimiento y nuestra capacidad de alegría.

¿Cuál es la raíz del miedo?. Reconocer ésto en los acontecimientos diarios me permite empezar a crecer hacia mi libertad.

El elemento más desconocido para nosotros es *la muerte*. Y le hemos concedido una fuerza increíble, nos aterra pensar en ella.

Tal es su poder sobre nosotros que aún en nuestros funerales encontramos que tratamos de evadirnos para no sentir la angustia que nos causa estar en frente de ella. Pero esta ahí, es el acontecimiento más radical e inevitable que sucederá en nuestra vida. No podemos controlarlo pues ésto no depende de nosotros, pero la única forma de quitarle su poder sobre nosotros es dándole sentido a nuestra forma de vivir, a nuestras acciones en el aquí y ahora. Cuando aprendo a vivir con

intensidad el momento presente, estoy optando por permitirme ser el que soy en el momento que tengo.

Consecuencia de nuestro miedo a la muerte es nuestro miedo al *sufrimiento*.

Este parece ser otro de los elementos que nos causan un temor majestuoso. Hemos interpretado que el sufrimiento puede ser el vehículo de la muerte y lo evitamos a toda costa. El sufrimiento es al mismo tiempo físico que es nuestro miedo a la *enfermedad* y es también psicológico que es nuestro miedo a la *soledad* que es interpretada como la muerte de nuestro espíritu.

Al entrar a nuestra conciencia inevitablemente vamos a enfrentar estos temores. Crecer a la libertad es quitarle la fuerza a estos tres elementos que ejercen presión en todo lo que somos y hacemos.

En la historia del padre Joel, al estar en la cárcel este fué el enfrentamiento que realizó. Tuvo que ver la posibilidad de su muerte, cara a cara, para poder mantener su integridad con la gente. Rompiendo el miedo a su propia muerte lo hizo ser más claro en su propia verdad. En la cárcel sufría no solo físicamente sino que sintió la soledad del desprecio y la perdida de popularidad, y fué sólo al dejar de escuchar estas voces externas que pudo ir más allá de su propio bien y ser claro aún con el desprecio de los demás.

Este dinamismo se repite en cada uno de nosotros en los momentos cruciales de nuestra vida. Ellos nos invitan a entrar en nuestro interior y buscar la libertad para amar. Y nos toca decidir si aceptamos o no.

La realidad es que todos estamos en el camino de estar trabajando con nuestras imperfecciones. Estas han sido creadas a lo largo de los años por nuestras *inseguridades*. Mis temores ante lo desconocido son más notorios en la medida que tengo una mayor inseguridad en mí mismo. Y

estas *inseguridades* a su vez causan en mí *dependencias*.

Es totalmente normal tener una serie de necesidades debido a que soy un ser humano, pero mi problema empieza cuando creo una dependencia de los satisfactores de esas necesidades. De esta manera causo una perversión de la realidad al hacer de un "medio" un "fin".

El camino de la libertad me lleva a ir más allá de la mera satisfacción de necesidades. Permanecer siendo el que soy aún a pesar de no tener la constante satisfacción de mis necesidades me hace estar libre de esos satisfactores. Cuando los tengo ¡bien!, pero mi realización personal no depende de tenerlos.

La voz interior me va a pedir ser leal a mi propia verdad aún con el desapego de mi propia seguridad. Todo esto indica simplemente que mi plenitud esta más allá de mi seguridad. Me dispone para arriesgar, para moverme en un territorio diferente, en una nueva jornada.

Por lo tanto trabajar en nuestros miedos y no ser paralizados por ellos significa reconocer nuestras dependencias y retarnos a ver nuestra verdad más allá de la satisfacción de las necesidades que me han creado depender de algo o de alguien.

Todo ésto apunta a una vida vivida en la fe. La grandeza de entrar a mi vida interior y escuchar la voz de mi conciencia es descubrirme viviendo en la confianza de mi Creador. Entre más dependo sólo de Dios, más libre seré de mis dependencias de las cosas y entonces mi seguridad no estará en ellas, estas se rompen y se acaban. *¡Solo Dios no se irá jamás!. Mi mejor lugar para encontrar seguridad es en las manos del mismo Dios.*

Ya me imagino que al estar leyendo ésto estarás pensando que te encuentras muy lejos del ideal. No te preocupes que no eres el único, todos lo estamos. En nuestra trayectoria de fe todos estamos en diferentes lugares. Es por ésto que la "Sabiduría Infinita de Dios" ha destinado una

etapa especial en el proceso de nuestra propia vida en donde todos seremos confrontados con estos temores y todos seremos invitados a depender solo de Dios. Esta etapa empieza cuando descubrimos que la obra de la liberación total de nuestro ser no es sólo tarea propia sino es obra del mismo Dios.

Es Dios quien se encargará de formarnos y transformarnos en la obra de su propio amor. En el camino espiritual es sólo cuando dejamos que Dios sea todo en nosotros que hemos crecido. Dejar a Dios que actúe en mi vida significa aprender a hacerme a un lado, ésto es un diálogo existencial constante entre la afirmación y exploración de todas mis capacidades y las tremendas limitaciones que encuentro en las cuales es sólo Dios quien me realiza.

Ser libre para amar implica enfrentar el miedo a la propia muerte, al sufrimiento y a la soledad, ésto nos hace libres en las manos de Dios y ésto sólo se logra amando.

ENCONTRANDO MIS LIMITACIONES

En nuestra historia inicial, el pajarito de la jaula se encuentra aspirando a la libertad. Se encuentra más que nunca con un deseo poderoso que viene de dentro de él que lo está invitando a querer ir al bosque. Y es aquí en medio de este deseo tan poderoso que ha despertado en sí sus ansias más profundas, es confrontado con sus limitaciones.

Trata de levantar el vuelo y se encuentra limitado por su jaula. Estas son las limitaciones externas impuestas por las jaulas que hemos construido a lo largo de nuestras vidas. Pero también piensa dentro de sí: "Quiero ir al bosque, pero ¡nunca he estado ahí!. ¿No se ni siquiera si podré volar?". Y es aquí cuando somos confrontados por nuestras propias limitaciones internas.

Es verdad que en nuestro proceso de liberación seremos confrontados con nuestras limitaciones. Estas reflejan nuevamente nuestra imperfección.

como si fuera necesario, solamente crecemos cuando hacemos conciencia de nuestra propia pobreza interna. Esta nos hace volver nuestros ojos a Dios y empezar a vernos como Dios quiso que fuéramos.

Podríamos decirlo de esta otra manera: Cuando empezamos a ver nuestra pequeñez es que hemos empezado a ver hacia Dios.

Hay una leyenda que ejemplifica esto:

"El hermano León y el Hno. Francisco de Asís se encontraban caminando a las orillas de un río. Llegaron hasta el lugar donde una bella cascada mostraba el agua tan cristalina en ese lugar. El hermano León se quedó por un largo rato contemplando el correr del agua. De pronto exclamó "hermano Francisco ¿quién pudiera tener la transparencia de esa agua?. Entre más la contemplo más lejos me siento de poder ser así.¡Mis fallas son inmensas como para poder tener esta transparencia delante de Dios!".

El hermano Francisco lo miró con gran ternura y le dijo: "hermano León, cuando nos vemos desde nosotros mismos, es verdad que estaremos muy lejos de tener la transparencia que deberíamos tener. Pero cuando nos vemos con los mismos ojos de Dios, entonces esa transparencia esta ahí. Es desde Dios que podemos ser transparentes". El hermano. León sonrió con una inmensa paz en su interior sabiendo que sólo Dios es quien no ve nuestras limitaciones sino la magnífica obra de su creación en nosotros".

(cfr. Sabiduría de un Pobre. Por Eloi Leclerc)

En el camino de nuestra liberación hacia el amor, veremos que nuestra misma vocación humana nos hace sentir muy de cerca nuestras limitaciones. Estas pueden ser en todos los niveles: físicas, psicológicas, sociológicas, intelectuales etc. Lo importante para nosotros es saber que junto con nuestros temores *se convierten en excusas para no crecer.*

Es muy fácil encontrarnos diciendo: *"¡Como no tuve un papá que me amara, nunca voy a ser libre!"*. *"¡Después de todo yo no tengo la preparación académica para lograr ser mejor!"*. En estos momentos nos estamos haciendo víctimas buscando sólo que otros nos consuelen. Pero no es suficiente.

Encontrarnos con nuestras limitaciones es descubrir que estamos en las manos del Creador y que es El-Ella quien nos invita a crecer. Esta es una voz interna que nunca se apagará. *Nunca será suficiente en nuestro interior el saber que podíamos haber hecho algo y no lo hicimos.*

El camino de crecimiento espiritual, es un camino en el que no hay excusas. La voz interna de nuestra conciencia nos dice que aún ahí donde no hay camino, se puede hacer. Que aunque siento no estar preparado para crecer, lo necesito hacer. Ninguna excusa podrá apagar la inquietud de ser lo mejor que puedo ser.

Sólo al enfrentar nuestras limitaciones y no dejarlas que nos detengan, es que experimentamos que hay una fuerza dentro de nosotros que ya no es nuestra, es en la misma acción de Dios y en la fuerza de su Espíritu que descubrimos una nueva valentía.

En el acontecimiento de la muerte del Señor los discípulos se encerraron por miedo a los Romanos. El acto de estar escondidos es ejemplo de la forma en la que nos replegamos nosotros ante el miedo. Ahí encerrados lo primero que viene a la mente es la propia limitación. Ellos se sentían insignificantes ante la fuerza de los Romanos y en verdad lo eran.

Sin embargo cuando vuelven sus ojos hacia Dios y se ven a sí mismos con los ojos de Dios que es la fuerza del Espíritu, salieron a la calle con una nueva actitud. Dan testimonio de haber vencido sus miedos y ya no contemplan sus limitaciones, se dejan llevar por la fuerza nueva que hay en su interior y a ésta nueva voz nadie pudo callar.

(cfr. Mt 28, 16-20: Hech. 2, 14-40)

Entrar a lo más profundo de nuestro ser y descubrir nuestras limitaciones es encontrarnos cara a cara con la fuerza de Dios. Es cuando el Espíritu toma lugar en nuestro interior que entonces la voz de Dios en nuestro interior se hace nuestra voz.

Libres Para Amar

Partieron por fin los hijos de Israel de Ramsés a Sucot, en número de unos seiscientos mil hombres de a pie, sin contar los niños.

También salió con ellos una inmensa muchedumbre de gente de toda clase, y grandes rebaños de ovejas y vacas.

De la masa que habían sacado de Egipto cocieron panes ázimos, ya que no le habían echado levadura por la prisa que tuvieron al salir. Tampoco les alcanzó el tiempo para llevar algún otro tipo de comida para el viaje.

El tiempo que estuvieron en Egipto los israelitas fué de 430 años. Cuando se cumplieron estos 430 años, todos los ejercitos de Yavé salieron en un mismo día del país de Egipto.

Esta es la noche en que Yavé estuvo velando para sacar a Israel del país de Egipto. Esta noche es para Yavé, y los hijos de Israel la pasarán también velando, año tras año, perpetuamente.

(Ex. 12, 37-42)

Capitulo 5

Libres Para Amar

INTRODUCCION

> *"La puerta quedó abierta...*
> *... el pajarito se paró en la orilla de la jaula...*
>
> **Y salió volando como nunca lo había hecho.**
> *Había escogido ser libre.*
> **Libre para volar".**

Aquí estamos, en la "orilla" delante de un mundo desconocido. Estamos vulnerables ante una situación que no pensamos fuera así.

Pero dentro de nosotros hay una voz que resuena con más fuerza, recordándonos la única vocación a la que hemos sido llamados. *Fuimos hechos para amar*.

Escoger nuestra libertad es escoger vivir con intensidad, escoger escuchar el llamado interno a nuestra vocación de ser personas plenamente integradas. Escoger ser libres para amar.

Nada debe detener esta capacidad.

Amar es ser *libres*. Amar es *crecer*. Amar es *cambiar*. Y ser libres para amar es nuestra elección.

¿Estamos dispuestos a escoger ser libre para amar?

HISTORIA

"El P. Jim Callan, el P. Bill Spilly y yo habíamos planeado un viaje a El Salvador para visitar la parroquia de Santa Marta con quien habíamos tenido contacto por varios años. Varios grupos de la Parroquia en Rochester habían viajado en señal de solidaridad con la gente de El Salvador que habían estado sufriendo la guerra.

En Octubre de 1989 sucedió el asesinato de los padres Jesuitas y de algunas personas que trabajaban con ellos en la Universidad de las Américas en El Salvador. Esto trajo una nueva situación de descontrol para el país. El ejercito cerró la frontera.

Sólo tres meses después estabamos realizando el viaje. Jim y Bill me encontraron en Chiapas en donde yo empezaba a trabajar y desde ahí viajamos en mi pequeño automóvil. Cruzamos por Guatemala y Honduras para encontrarnos que no podíamos pasar la frontera de El Salvador. Intentamos entonces llegar a Nicaragua dando toda una vuelta por una carretera semidestruida en Honduras. Llegamos a Tegucigalpa en donde solicitamos visas de entrada a Nicaragua. Los dos norteamericanos tendrían que ser investigados y esto tardaría varios días. Así que tampoco pudimos entrar a Nicaragua.

Durante todo este trayecto notamos que la gente nos trató muy mal. Parecían distantes y agresivos. Nadie nos daba la información que necesitábamos y en todos lados nos sentimos rechazados. Decidimos regresar y en el camino entre la frontera de El Salvador

y Honduras estaba el campamento de refugiados salvadoreños, llamado Mesa Grande que llevaba varios años de existencia. Inicialmente habían sido apoyados por la Organización de las Naciones Unidas, pero la guerra se había extendido por más de diez años y esta ayuda había disminuido considerablemente. El gobierno de Honduras mantuvo a los refugiados en lo que bien parecía un campo de concentración vigilado por los militares. Este sería el lugar en donde nos dentendríamos y visitaríamos a la gente de El Salvador.

En el poblado anterior al campamento de los refugiados, nos dijeron que no podríamos entrar sin un permiso especial que por supuesto no llevábamos. Nuevamente fuimos tratados muy mal.

Sabiendo entonces que no podríamos entrar decidimos llegar hasta las puertas del campamento. Inmediatamente los soldados nos rodearon haciendo todo tipo de preguntas. Tratando de poner buena cara ante la situación mencioné que no sabíamos que se necesitaba un permiso especial y que éramos tres sacerdotes que queríamos celebrar la Misa con la gente. Me pidieron que bajara del automóvil y me pasaron a un cuarto donde tendría que hablar con un comandante. Dejé a Jim y a Bill en el carro rodeados de soldados que mantenían un gesto amenazador. El comandante me miró me pidió el permiso, al saber que no lo tenía me hizo otro tipo de preguntas y de pronto me dijo que teníamos sólo dos horas.

Regresé al automóbil y sin decir nada empecé a conducir. Se abrieron las puertas, los soldados nos dejaron entrar y de pronto parecía que estabamos en otro mundo.

El lugar tan desolado donde estaba situado el campamento era una meseta árida. Los niños fueron los primeros que al ver el automóvil empezaron a salir e inmediatamente vimos sonrisas y entusiasmo. Pronto, les dije; " vayan a avisar a la gente que estamos aquí unos

sacerdotes y que queremos celebrar la Misa". Los niños corrieron alegremente llevando la noticia.

Jim y Enrique; campamento de refugiados. (Foto por, P. Spilly).

Esperamos un poco y de todos lados empezó a salir gente que alegremente venían al lugar de reunión para encontrarse con nosotros. Trajeron guitarras y diferentes instrumentos musicales improvisados con cosas del lugar. Había alegría. Nos recibieron bien. Se interesaron por nosotros. Nos agradecían que estuvieramos ahí por ellos. Como no llevabamos nada para celebrar la Misa, nuestra celebración consistió en compartir nuestras historias e iluminarlas con ejemplos del Evangelio. Reímos juntos, lloramos juntos. Pero había una gran unidad.

¿De dónde venía todo esto?, ¿qué había en sus corazones que les hacía ser así?.

Nos dimos cuenta que vivían en la esperanza de su liberación. Y esta esperanza los hacía libres ya. Aunque estaban en un campamento en que parecían presos, su esperanza los hacía amar. Nadie de las

personas fuera de este campamento nos había tratado como ellos nos trataron. Nadie se había alegrado tanto por nuestra presencia. Su alegría selló nuestro viaje.

¿Cómo era posible que los que parecían presos tuvieran más alegría que los que parecían libres?. Cuando se conoce el valor de la "libertad", entonces se empieza a vivir desde el corazón y se expresa con gozo y espontaneidad. Cuando se conoce el valor de la libertad, cada momento es importante y cada persona es importante.

Nos contaron sus historias como queriendo perpetuarlas en nosotros. Y las escuchamos dando lugar a cada uno de ellos. Su libertad se adelantaba en la medida que sus historias eran escuchadas y validadas.

La letra de sus canciones penetró nuestras almas:

> *"Cuando el pobre crea en el pobre*
> *ya podremos cantar 'libertad'*
> *Cuando el pobre crea en el pobre*
> *construiremos la fraternidad"*

Campemento de refugiados, "Mesa Grande". (Foto por, P. Spilly).

¿Qué magnífica celebración del corazón humano?. ¿Qué magnífica expresión de la alegría en la esperanza?.

Aunque los soldados vigilaban la entrada a ese campamento, sus espíritus volaban en libertad. Esa gente era realmente libre para amar y su gozo jamás lo podremos olvidar.

Pasaron las horas, más de las que deberíamos de haber permanecido en el campamento. Se había hecho obscuro y logramos salir sin ningún problema con los soldados.

Dos años después, escuché las noticias. Se había firmado un tratado de paz en El Salvador. Los refugiados podrían regresar a repoblar su tierra. Me senté a solas en mi cuarto recordando cada uno de los rostros de esa gente y repasando sus historias. Sus sonrisas y sus lágrimas, sus cantos y su alegría estaban tan vivos dentro de mí. Los imaginaba ahora caminando en libertad, regresando a su tierra que era ya un lugar desconocido después de tantos años.

*Tendrían mucho temor por supuesto, pero se cumplía lo que tanto habían esperado. **¡Su libertad!.***

CONSECUENCIAS AL ESCOGER SER LIBRES PARA AMAR

Todos tenemos la capacidad de escoger el ser libres para amar.

Parece que en nuestras vidas se manifiesta como un penoso camino y sin embargo es debido a que se trata de escoger ser libres. Es verdad que muchos parecemos habernos acostumbrado a nuestras diferentes jaulas, pero la Sabiduría Eterna de Dios nos ha destinado a caminar por diferentes etapas que nos harán volver a empezar. Estas etapas las identificamos en nuestras vidas como los momentos difíciles, que nos han retado a escoger un camino u otro. Tienen la finalidad de hacernos

capaces de elegir. Y esta elección supone el aprendizaje de las fallas y éxitos logrados en las etapas anteriores.

Elegir ser libre para amar en cada momento y en cada nueva etapa de nuestra vida tiene sus consecuencias:

GOZO...
¡Parece mentira pero nuestra sociedad no nos enseña a experimentar gozo!.

Hemos crecido tratando de encontrar alegría en cosas externas y debido a ésto experimentamos una alegría muy "condicionada". Tanto es ésto que ya no creemos en nuestra propia alegría y siempre estamos esperando que ésta termine. Como constantemente volvemos a momentos difíciles bloqueamos la experiencia de gozo y nos sentimos prevenidos para el siguiente acontecimiento triste. Esto ha causado una cantidad de gente que no sabe disfrutar la vida, que no sabe vivir el momento, que prefiere no expresar alegría dejando que sus rostros se marchiten con amargura. Un corazón cerrado ante la vida ha perdido su capacidad de amar y por lo tanto de alegría.

Escoger ser libres para amar es atrevernos a experimentar un gozo interior que no consiste en cosas externas, sino en la vivencia de las mejores capacidades que hemos descubierto en nosotros. Este tipo de gozo entonces esta enraizado en nuestro mismo espíritu. Cuando nuestro espíritu sonríe las raíces más internas de nuestro ser se sienten conmovidas realizando una experiencia de éxtasis.

El gozo del que estoy hablando es sublime. Está tocando lo profundo de nuestra alma, lo más auténtico de nuestro ser. Entonces es verdad que este gozo no es ruidoso, su expresión puede ser llena de tranquilidad externa pero la energía interna es la de haber encontrado algo que tocó lo divino.

Robert A. Johnson, lo describe de esta manera: "La raíz de la palabra

éxtasis es, estar fuera de sí mismo. Si yo digo, *¡Estoy en éxtasis! estoy simplemente fuera de mí mismo'.* Significa que estoy lleno de una emoción tan poderosa para ser contenida por mi cuerpo o entendida por mi mente racional. Soy transportado a otro nivel en el que soy capaz de experimentar éxtasis". (*Ecstasy* by Robert A. Johnson p.13).

Este gozo entonces rebasa lo racional y esta lejos de mi control. Se convierte en experiencia de éxtasis cuando en verdad he actuado desde lo profundo de mi ser. Ahí donde lo más noble y personal se expresa sin temores ni límites. Y aunque suene muy difícil de lograr la verdad es que consiste en una elección y esta es la de ser libre para amar.

Piensa en el efecto en tí:

"Cuando escoges darle una nueva oportunidad al hijo que te ha fallado tantas veces, lo miras y en esa mirada prefieres seguir descubriendo el amor que todo lo cree, que todo lo espera. El se va pensando en una nueva oportunidad pero tú te quedas con una experiencia de paz que no se explica. Las personas que te conocen te dirán que fuiste demasiado débil. Pero tu interior experimenta otra cosa. *Escogiste amar".*

"Cuando a la persona más significativa de tu vida, le compartes tu ser y al darte experimentas que no puedes parar, que es preciso salir de tí. Ves la nobleza de esa persona que atrae lo más noble de tí y te das, tus sueños, tus emociones, tus metas, tus sentimientos son compartidos con entera fluidez. Tu corazón explota en el corazón de esa persona y la miras, es real, existe está ahí y sientes tocar lo eterno. Quisieras explicarle lo que esa persona significa para tí y las palabras no alcanzan a expresar la grandeza de ese encuentro. El gozo tan abundante y pleno está en tu interior y pertenece al nivel de lo divino. *Escogiste amar".*

"Cuando ante alguna situación sabes que el pronunciar ciertas palabras causarán descontento y pondrán en riesgo lo que has construido durante años. Sabes que algunos te darán la espalda, otros te acusarán y otros

buscarán hacerte daño. Pero no pronunciar esas palabras lastimaría lo que has creído y has hecho tuyo, lastimarían a quienes han creído en tí y caminado contigo. Y te arriesgas a decirlas. Experimentas una serie de emociones de inestabilidad y en el fondo de tu ser sabes que todo está bien, no lo puedes explicar pero sabes que hay una energía que trae paz. *Escogiste amar"*.

Este tipo de gozo se experimenta ahí donde tienes que acallar las voces externas para vivir el misterio que trae la libertad de haber escogido amar.

"Yo les he dicho todas estas cosas para que en ustedes esté mi alegría, y la alegría de ustedes sea perfecta" (Jn 15,11)

La libertad es para el amor y cuando ésto sucede hay gozo.

PLENITUD...

Otra consecuencia de escoger ser libre para amar es la experiencia de plenitud. Y ésta es el anticipo de algo aún más grande que está por venir. Pero es la experiencia de sabernos en un camino que nos realiza como personas. Ser libres para amar lleva directamente a la experiencia de realización. Así como el gozo nos permite experimentar lo Divino, la experiencia de plenitud nos pone en manos de lo Divino.

"¡Vengan, los bendecidos por mi Padre! tomen posesión del reino que ha sido preparado para ustedes desde el principio del mundo." (Mt 25, 34)

Esta experiencia de plenitud es una forma de probar lo que significará nuestra realización delante de Dios. Esta experiencia es aquí y ahora y es una forma de descubrir aquello que está en el centro de nuestra persona. Cuando decidimos ser libres para amar estamos tocando lo divino de lo humano. Esta es la meta de nuestro crecimiento como personas. Crecer a lo plenamente humano es crecer en nuestra libertad para amar y encontrar en ella nuestra realización.

Este es el camino de la libertad y ésta debería de ser la invitación que todos nos estuviéramos haciendo unos a otros. ¡No descansemos por seguir buscando el ser libres para amar! y cuando nos encontremos en el camino, como compañeros de jornada, demos nuestras manos para ayudarnos, y sigamos invitándonos a continuar.

> *¡Deja todo atrás!,*
> *¡Tú fuiste hecho para amar!.*

Ellsberg, Robert; *ALL SAINTS*
The Crossroad Publishing Company New York 1997

González, Luis Jorge; *LIBERACION PARA EL AMOR*
Ed. Progreso, SA. México DF 1985

González, Luis Jorge; *FELICIDAD PROFUNDA*
(Según S. Juan de la Cruz) Ed. Font. Guadalajara Jal. México 1991

Johnson, Robert A.; *ECSTASY*
Harper San Francisco. 1987

Leclerk, Eloi; *SABIDURIA DE UN POBRE*
Ed. Sígueme Salamanca 1971

Rogers, Carl R.; *EL PROCESO DE CONVERTIRSE EN PERSONA*
Ed. Paidós Buenos Aires 1975

Ruiz, Salvador; *CAMINOS DEL ESPIRITU*
Espiritualidad Madrid 1978

Sanford, John A.; *INVISIBLE PARTNERS*
Paulist Press New York/Mahwah 1980

Kasper, Walter; *JESUS EL CRISTO*
Ed. Sígueme Salamanca 1976

Collaboration; *LA BIBLIA LATINOAMERICANA* *(Community Bible)*
Coeditan: San Pablo Ed. Verbo Divino